JN099155

幸せを運ぶ 花言葉12か月

366日の誕生花からの占いメッセージ入り

Flower Me 編

日本文芸社

はじめに

あなたのお気に入りの花は何ですか？　フラワーショップで売られている切り花、道端や花壇で見かける草花やハーブ、花をつけて揺れる花木……、ひと口に花といってもたくさんありすぎて、お気に入りをどれか1つと決めるのは難しいかもしれませんね。

本書では好きな花をいつでも眺められるよう、美しい花の写真を多数掲載。花を開花期ごとに12か月に分けて、花の名前の由来や花言葉、花言葉が生まれた由来や言い伝え、神話などを紹介しています。

それぞれの花には、

Popular Flowers	愛され続けてきた花たち
Flowering Trees	木の枝を彩る花たち
Garden Plants	花壇や庭先で見かける花たち
Wild Flowers	可憐な野草やハーブたち

の4つのカテゴリーを示し、知らない花でも分類がわかるようにしてあります。さらに、

Mysterious Flowers 「裏花言葉」をもつ花たち

として、ちょっと怖い意味の花言葉をもつ花も紹介し、読み物として、より楽しめるようにしました。

各月の最後に、366日の誕生花からの占いメッセージを、誕生花のイラストカードとともに収録しています。

花の名前の由来や花言葉、それらにまつわる言い伝えや神話を知ると、花たちからまた違ったメッセージが聞こえてきませんか？　美しさを愛でる以上の親しみを花々に感じていただけたら、こんなにうれしいことはありません。

もくじ

Pansy/Viola

パンジー / ビオラ

パンジーとビオラは、じつは学術的には同じもの。園芸的にはパンジーの小輪多花性種をビオラと呼びます。

花径が5cm以上のものをパンジー、5cm以下ならビオラと呼ぶことが多く、花期の長さと華やかさで人気があります。香りのある種類もあります。

Language of Flowers

「もの思い」
「私を想って」

ビオラ：「誠実」「信頼」 「忠実」「少女の恋」

「もの思い」は、パンジーの花の模様が人の顔に似ていて、前に傾いて咲く花姿が思索にふけるようすに見えることから。色によってさまざまな花言葉があります。

Data of Flowers

科・属名：スミレ科・スミレ属
原産地：ヨーロッパ
学 名：*Viola*
和 名：三色菫（サンシキスミレ）
開花時期：10〜5月

1月

● 紫：「思慮深い」
　白：「温順」
　黄：「慎ましい幸せ」
　　　「田園の喜び」

パンジーは恋の薬？

　現在のパンジーは、19世紀に野生種の三色菫（サンシキスミレ）とその他2種を交配させて生まれた園芸品種。それ以前に使われたパンジーという言葉はサンシキスミレを指します。

　サンシキスミレは、英名の1つであるHeartsease「心の平和」にちなみ、失恋の特効薬といわれた歴史もあるそう。いっぽう、シェイクスピアの『真夏の夜の夢』では、眠っている人のまぶたにパンジーの花の汁を塗ると、目覚めて一番はじめに見た人に恋をしてしまうという一節があります。

Oncidium
オンシジウム

ランの一種で、香りのよい小型のものからボリュームのある大型のものまで、多くの種類があります。

Language of Flowers

「一緒に踊って」
「可憐」

英語では Dancing lady orchid 「踊る女性のラン」と呼ばれることにちなんで「一緒に踊って」の花言葉がつきました。
「可憐」は可愛らしい蝶のような小さな花をたくさんつけるようすから。

Data of Flowers

科・属名	：ラン科・オンシジウム属
原産地	：中央～南アメリカ
学名	：*Oncidium*
和名	：群雀蘭（ムレスズメラン）
開花時期	：12～1月・4～6月・9～10月

Camellia sasanqua
サザンカ

　和名の山茶花は、中国語でツバキ類を指す山茶花（サンサカ）に由来しますが誤記により茶山花（ササンカ）と伝わり、これがなまってサザンカと呼ばれるようになったそうです。

Language of Flowers

「困難に打ち克つ」
「ひたむきさ」

寒さが厳しくなるころに花を咲かせることから、これらの花言葉がついたといわれます。

Data of Flowers

科・属名	：ツバキ科・ツバキ属
原 産 地	：日本
学　　名	：*Camellia sasanqua*
和　　名	：山茶花（サザンカ）
開花時期	：10〜4月

Julian hybrid primrose
ジュリアン

ジュリアンはプリムラの仲間で、ヨーロッパで育成されたプリムラ・ポリアンサに、背丈の低いプリムラ・ジュリエを掛け合わせ誕生しました。花色が豊富で、一重咲き、八重咲きなど咲き方もさまざま。冬の花壇を明るく彩ってくれます。

ジュリアンで運気をアップ

　方位と色が特に重要視される風水では、各方位に適したラッキーカラーの物を置くと運気アップにつながるといわれています。
　東に赤い物を置くと愛情運、西に黄色い物を置くと金運、南に青い物を置くと仕事運、北にピンク色の物を置くと恋愛運がそれぞれアップするそうです。
　カラフルで、花もちがよいジュリアンの鉢を運を上げたい方角に飾ってみてはいかがでしょうか？　特に黄色のジュリアンは「富」をもたらすとされているので、西の方角に置いておけば金運アップが期待できそうです。

1月

Language of Flowers

「青春の喜びと悲しみ」

寒い時期に咲き出し、夏を待ちながらそ
れが叶わずに枯れてしまうことにちなん
だ花言葉がつけられています。

Data of Flowers

科・属名	：サクラソウ科・ 　　サクラソウ属
原産地	：ヨーロッパ
学　名	：*Primula Polyanthus Group*
和　名	：プリムラジュリアン
開花時期	：11〜4月

11

Phalaenopsis/Moth orchid
コチョウラン

胡蝶（コチョウ）とは蝶をモチーフにした舞楽を表し、白い、大きな花の姿が蝶が舞うように見えることからこの名前がつけられました。白やピンク、赤、オレンジ、黄色、紫、茶、青など花色も豊富で、優雅な雰囲気が好まれお祝いにもよく使われます。

Language of Flowers
「幸福が飛んでくる」
「純粋な愛」

「幸福が飛んでくる」は、蝶が飛んでいるような花の姿から。
「純粋な愛」は学名のギリシャ神話で「愛」を司る女神 aphrodite（アフロディーテ）からきています。

Data of Flowers

科・属名	：ラン科・コチョウラン属
原産地	：アジア
学名	：*Phalaenopsis aphrodite*
和名	：胡蝶蘭（コチョウラン）
開花時期	：1～5月

Kalanchoe
カランコエ

カランコエは、フランスの探検隊がマダガスカル島ではじめて発見し、ドイツで品種改良が進められた多肉植物です。日本へは昭和初期に渡来しました。

Language of Flowers
「たくさんの小さな思い出」
「幸福を告げる」

Data of Flowers

科・属名	ベンケイソウ科・カランコエ属
原産地	マダガスカル島
学 名	*Kalanchoe blossfeldiana*
和 名	紅弁慶（ベニベンケイ）
開花時期	11〜5月

「たくさんの小さな思い出」は、小さい花をたくさん咲かせるようすから。つりがね状の花をつける種もあり、幸せを告げる鐘のようだということから「幸福を告げる」という花言葉がつけられました。

Saintpaulia
セントポーリア

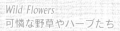

茎が短いタイプや長く伸びるタイプなど、多くの種類があるセントポーリア。アフリカの山岳部の岩陰で咲くので室内の蛍光灯の光でも十分育ち、温室などで収集する愛好家も多くいます。

Language of Flowers
「小さな愛」

「小さな愛」は、品種や花色が豊富で、たくさんの愛らしい花をつけるところにちなむといわれます。

Data of Flowers

科・属名	イワタバコ科・アフリカスミレ属
原産地	熱帯アフリカ東部の山岳地帯
学名	*Saintpaulia*
和名	アフリカスミレ
開花時期	9〜6月

Oxalis
オキザリス

カタバミの仲間で、白やピンク、白、紫、褐色など花色も豊富。世界に800〜850種が広く分布しています。花は、夜や雨が降っているときには閉じていて、日中の日差しを受けると、漏斗状に開きます。

Language of Flowers
「喜び」「輝く心」
「母の優しさ」

フランスやスペインではカタバミを「ハレルヤ」(キリスト教で「主をほめたたえよ」の意味)と呼び、花言葉の「喜び」はそれに由来するといわれます。

Data of Flowers

科・属名	カタバミ科・カタバミ属
原産地	南アフリカ、中南米
学名	*Oxalis*
和名	ハナカタバミ
開花時期	種による(冬咲き、春咲き、四季咲き)

15

Narcissus
スイセン

早春に明るい黄色や白の花を咲かせるスイセン。品種も多く、12の系統があり、6枚の花びらと、中心にラッパ状の副冠があります。色や形も多彩で、香りもよく、人気の早春花です。

Language of Flowers

「尊敬」
裏「うぬぼれ」
裏「自己愛」

花言葉はギリシャ神話（右記）から由来しています。

Data of Flowers

科・属名	：ヒガンバナ科・スイセン属
原産地	：ヨーロッパ（地中海沿岸）
学名	：*Narcissus*
和名	：水仙（スイセン）
開花時期	：11～4月

自分の姿に恋をしたナルキッソス

　ギリシャの美青年ナルキッソスは、美しすぎる容貌のため多くの女性に愛されました。しかし、彼はだれも愛さず、森の妖精エコーが彼を好きになったときも彼女に冷たくしました。冷たくされたエコーはナルキッソスのことばかり考えていて自分の役目を果たさなくなったため、女神ヘラの怒りをかい、人の言葉の最後の部分しか話せなくなってしまいました。これが「こだま」です。

　こうしてたくさんの女性を悲しませたナルキッソスに対して、女神ネメシスは怒り、自分以外のものを愛せなくなる呪いをかけました。それからのナルキッソスは、水面に映る自分に恋して、かなわない苦しみのあまりにやせ細り、水辺で咲くスイセンの花になってしまいました。スイセンの花が下を向いているのは、水面に映る自分を見つめるナルキッソスの化身だからです。

1日

フクジュソウ

**大きな器を
生まれもつ人**

あなたは、幸せを招くこの花のように、自分の意志とは関係なく目立つ存在です。
リーダー的気質で周りを率いて行くでしょう。

2日

ツバキ

**尽くす喜びを
知っている人**

信じる者への情熱は、赤のツバキそのものです。バランス感覚があり、調和を重んじる姿は、控えめながら誇りある美しさを感じさせます。

3日

スイセン

**思い通りに
進みゆく人**

神秘的な佇まいと天性のカンのよさをもっています。立ち直りが早く、自分のやりたいことに全力を注ぐバイタリティは、素晴らしいです。

4日

ヒヤシンス
（白）

**一途で
純真な心の人**

安定を好むあなたは、誠実で一途な優しい愛の心をもっています。何事においても、正しさをまっすぐに貫き通して進んでいくでしょう。

5日

ミスミソウ

**あるがままに
生きる自由人**

アンテナが高く情報通で、自由に生きるあなたの自信は、周りの人を魅了します。雪を割って花を咲かせるような強さももっています。

6日

スミレ（白）

**博愛主義の
無邪気な人**

人と共に喜ぶことのできる、人情味あふれる人です。調和を重んじるあなたは、だれからも好かれる、白くて清らかな心をもっています。

7日

アッツザクラ

**豊かさを
わかち合える人**

あなたは、心の豊かさを周りの人とわかち合う幸せを知っている人です。自らが決めた目標に向かって、まっすぐに前進して行きます。

8日

ハハコグサ

**ほとばしる情熱を
もつ人**

どんな逆境にも負けずに立ち向かう姿は、多くの人を惹きつけます。そして、包み込むような無償の愛を与えることもできる人です。

1月

9日	10日	11日	12日

ヒトリシズカ

人のために
役立ちたい人

あなたは、隠された美しさをもっています。知識も豊かで、何事も器用にこなします。あなたの存在は、周りの人を元気にします。

ナワシロイチゴ

絶対的エース
のような人

あなたの存在感と面倒見のよさから、自然と周りにたくさんの人が集まって来ます。人々は、そのカリスマ性に魅せられるのでしょう。

コチョウラン

強い直感力を
もつ人

恵まれた才能と純粋さをもった人です。自分の心をクリアにして、柔軟に心の赴くままに進むことができる、ラッキーな人生を送れます。

カンツバキ

瞬発力のある
パワフルな人

気取らない優美さをもっています。あなたは、短期間で一気に成果を出し、大成功を修めます。このスピードに周りはとても追いつけません。

13日	14日	15日	16日

スイセン（白）

信念に従って
突き進む人

信念に従って、素直に突き進む実行力をもったあなた。あなたらしい生き方を貫くことこそが、周囲の人にも幸せをもたらします。

オーソニガラム

勢いのある
自由人

圧倒的な存在感と多彩な才能を感じさせるあなた。才能豊かなため目移りもしがちです。ただ、こうと決めたことはやり遂げます。

サンザシ

慈愛の心をもつ
野心家

博愛の精神をもちながら、芯がぶれないあなたの生き方は、常に周囲の人々の指針となり、喜びを共有することができるでしょう。

オキザリス

高潔な心を
失わない人

輝く高潔な心を強くもっている人です。自分の考えを伝えることが天才的に上手なので、周囲に影響を与え、協力も得られるてしょう。

19

17日	18日	19日	20日

スイカズラ	レンギョウ	バンダ	ネコヤナギ
広い視野をもち 自立した人	深い知識と鋭い 判断力をもつ人	体感で経験値を 上げていく人	豊かな感性と 直感力の持ち主
仲間との絆を大切にしながらも、しっかりと自分の足で立っている人です。トレンドに対する感度が高く、周囲への影響力も絶大です。	クールに見えますが、人のために尽くしたいと思っています。あなたの知識や判断力を人のために役立てることが、成功へのカギとなります。	努力している姿を人に見せないので、いつもほどよく力が抜けていて、エレガントなあなた。決断が早く、行動力もあります。	芸術的才能をもち、自由に表現するあなた。周りの協力への感謝の気持ちを忘れずに、自分の思いのまま進んでいけば、努力も報われます。

21日	22日	23日	24日

ピンクッション	オウバイ	シロタエギク	サフラン
チャンスに 恵まれた人	社交的な自由人	協調性があり 愛情深い人	決して屈しない 強い心をもつ人
知的な方面に才能を発揮します。数多くのチャンスに恵まれますが、謙虚さからそれを逃さないよう、自信をもって幸運をつかんでください。	新しい環境にもすぐに適応できる人です。広い視野で物事を見ることが、あなたの才能を開花させるための重要なポイントになります。	子どものような無邪気さと明るさで人々の中心にいます。旅行をしたり、新しいことへ挑戦することが、あなたを成功へと導くでしょう。	パワフルで強く、明るいところがあなたの魅力です。合理的な考え方に偏りすぎないよう注意すれば、強運を味方につけることができます。

25日	26日	27日	28日

フクシア	ピグミー ランタン	プルメリア	ハツユキソウ
正義感と謙虚さを あわせもつ人	**責任感と愛に あふれる人**	**強い意志をもつ 開拓者**	**柔軟な考えをもつ 思いやりの人**
神秘的な雰囲気があり、近寄りがたいときもありますが、愛情深い面も。あなたが周囲をまとめていくことが、近しい人を幸せにします。	目標がはっきりしていて、強い精神力をもっています。周りを大切にしますが、1人で過ごす時間も、あなたにとっては必要です。	自分やその人生の舵をしっかり取れる人です。陰からのサポートもできる人なので、周囲からの信頼も厚く、リーダー的存在といえます。	人を受け入れられる柔軟な心をもっています。正義感も強く、自分本位にならない平等性があり、公正な考え方のできる頼りになる人です。

29日	30日	31日

ツルバキア	サクラソウ	オンシジウム
自由を求め抜く人	**エネルギーに あふれる人**	**独自の世界観を もつ人**
クールでありながら、愛情豊かな人です。自由でありたいために、周りを惑わせてしまう面もありますが、人々を惹きつける魅力があります。	純粋な心で、自分の目標に向かい成功をつかむ人です。飽きっぽいところもあるので、モチベーションを継続させることがカギとなります。	人生に意味を見出したいと思う精神性の高い人です。仕事や恋愛にも誠実ですが、自分の感性を人に押しつけないように注意しましょう。

ストック

まっすぐな茎を意味する、英語のStockから
つけられた名前です。その名のとおり太くまっ
すぐな茎に、豪華でエレガントな花をつけま
す。芳香があり、開花中は付近を甘い香りで満
たしてくれます。

Language of Flowers

「永遠の美」「愛情の絆」

「永遠の美」は、ストックが花もちよく、香りも長く続くことにちなんでつけられた
といわれます。「愛情の絆」は、ストックの言い伝え（右上）にちなんでつけられま
した。

● 赤：「私を信じて」

　白：「思いやり」「ひそやかな愛」

● ピンク：「ふくよかな愛情」

● 紫：「おおらかな愛情」

ストックの花になった王女

　昔むかし、ある国の王女が、敵国の王子と恋に落ちました。ところが二人の恋が王に知られるところとなり、王女は城に閉じ込められてしまいます。そこで王子は、夜中に城の屋上にロープを投げ入れ、王女にロープを伝って降りてきてもらい、会うことにしていました。ところがある日そのロープが切れて王女は死んでしまいます。それを気の毒に思った神様が、王女をストックの花に変えたという言い伝えがあります。

2月

Data of Flowers

科・属名：アブラナ科・アラセイトウ属
原産地：南ヨーロッパ
学　名　：*Matthiola incana*
和　名　：紫羅欄花（アラセイトウ）
開花時期：11〜5月

23

Cymbidium
シンビジウム

東南アジアから日本に自生する野生種を掛け合わせた丈夫な洋ランで、日に当てて植え替えなどの手入れをすれば、よく育ちたくさんの花を咲かせます。和名、霓裳蘭（ゲイショウラン）の霓は「虹」を意味し「虹のように美しい裳（十二単を構成する着物の1つ）」のような蘭という意味です。

Language of Flowers
「飾らない心」「素朴」
「高貴な美人」
「華やかな恋」

カトレアなど同じラン科の花に比べて花色に原色が少なく、淡い落ち着いた色味が多いことから、「飾らない心」や「素朴」の花言葉がつきました。
「高貴な美人」は花の咲くようすから。

Data of Flowers

科・属名	：ラン科・シュンラン属
原産地	：アジア、オセアニア
学名	：*Cymbidium*
和名	：霓裳蘭（ゲイショウラン）
開花時期	：12〜4月

2
月

Freesia
フリージア

白や黄色、オレンジ、赤、ピンク、
青、紫など、さまざまな花色の
ラッパのような花を咲かせるフ
リージア。香りもよく、切り花と
しても人気があります。

Language of Flowers
「あどけなさ」「純潔」
「親愛の情」

明るく優しい花姿
や、さわやかで甘
酸っぱさのある香
りからイメージし
た花言葉がつけら
れています。

Data of Flowers

科・属名	アヤメ科・フリージア属
原産地	南アフリカ
学名	*Freesia*
和名	浅黄水仙(アサギスイセン)
開花時期	2〜6月

25

Anemone
アネモネ

アネモネは、西洋で古くから親しまれてきた花です。「風」を意味するギリシャ語 anemones が語源となっています。

Language of Flowers

「はかない恋」
「恋の苦しみ」

ギリシャ神話では、女神アフロディーテが息子キューピッドの愛の矢に当たり、美少年アドニスに恋をしました。しかし彼は、狩りの途中でケガをして死んでしまいます。アドニスの死を悲しんだアフロディーテが、そのとき流れた彼の血からアネモネの花をつくったとされています。せつない花言葉はこの神話からきています。

Data of Flowers

科・属名	：キンポウゲ科・イチリンソウ属
原 産 地	：地中海沿岸
学 名	：*Anemone coronaria*
和 名	：牡丹一華（ボタンイチゲ）
開花時期	：2〜5月

Japanese apricot

ウメ

「花見」というと今はサクラの花ですが、奈良時代以前に「花」といえばウメの花のことでした。万葉集にはウメにちなんだ歌が100首以上あります。

2月

Language of Flowers

「忠実」「忍耐」「高潔」

「忠実」は、平安時代の貴族、菅原道真（すがわらのみちざね）が政争に敗れ九州・太宰府に流されたときに、屋敷に残してきたウメの花が一晩で道真のもとに飛来したという伝説に由来します。
「忍耐」「高潔」は、寒い時期に凛と咲く姿の美しさを表しています。

Data of Flowers

科・属名 ：バラ科・サクラ属
原産地 ：中国
学 名 ：*Armeniaca mume*
　　　　　(*Prunus mume*)
和 名 ：梅（ウメ）
開花時期 ：1～3月

27

Daphne
ジンチョウゲ

ピンクや白、黄色の花をつけるジンチョウゲ。花びらに見える部分はガクが変化したものです。イチョウのような雄株と雌株がある雌雄異株ですが、日本で栽培されるほとんどは雄株で、実はなりません。

Language of Flowers

「不死」「不滅」
「永遠」

一年中美しい緑の葉をつける常緑樹であることにちなんで、これらの花言葉がつけられました。

Data of Flowers

科・属名	ジンチョウゲ科・ジンチョウゲ属
原産地	中国～ヒマラヤ
学名	*Daphne odora*
和名	沈丁花（ジンチョウゲ）
開花時期	2～4月

Crocus

クロッカス

学名のCrocusはギリシャ語の
krokos「糸」が語源となってい
ます。球根が小さめで、水栽培
ができるため室内でも楽しめ
る花です。

2月

Language of Flowers

「青春の喜び」「切望」

春に咲く花は青春の意味を含むとされる
ことが多く、「青春の喜び」の花言葉も
クロッカスが春を告げる花であることに
由来します。
「切望」はクロッカスが花開く春を待ち
わびる意味といわれます。

Data of Flowers

科・属名	アヤメ科・サフラン属
原産地	地中海沿岸、小アジア
学名	*Crocus*
和名	ハナサフラン
開花時期	2〜4月、10〜11月

Flowering kale

ハボタン

重なり合った葉の形が、ボタンの花のように見えることから「葉牡丹 (ハボタン)」と名づけられました。冬の代表的な植物で、正月の門松に使われることもあります。原産はヨーロッパですが、日本でも江戸時代から栽培されています。

Data of Flowers

科・属名	アブラナ科・アブラナ属
原産地	ヨーロッパ
学名	*Brassica oleracea*
和名	葉牡丹 (ハボタン)
開花時期	11 ～ 5 月

Language of Flowers

「祝福」「慈愛」「利益」
「物事に動じない」

「祝福」は、紅白の色で縁起がよく正月飾りとしても親しまれていることに由来します。「利益」は、三国時代の諸葛孔明が、戦場でキャベツを栽培し兵士の食糧にしたという故事に由来します。

Veronica persica

オオイヌノフグリ

日本に古来よりある植物「イヌノフグリ」に似ていて、イヌノフグリより大きいことからつけられた名前ですが、種の形が犬のフグリ（陰嚢）に似ているからという説もあります。また、「星の瞳」という可愛らしい呼び名もあります。

2月

Language of Flowers

「信頼」
「忠実」
「清らか」

聖書で、処刑場に向かうイエスに献身的に仕えたという聖女ベロニカと同じ学名をもつことにちなんで、これらの花言葉がついたといわれます。

Data of Flowers

科・属名：オオバコ科・
　　　　　クワガタソウ属
原産地：ヨーロッパ
学　名：*Veronica persica*
和　名：瑠璃唐草（ルリカラクサ）
開花時期：2〜5月

31

Adonis amurensis
フクジュソウ

「幸せを招く」
「永久の幸福」

「福を招く」というおめでたい名前から、古くから
縁起のよい花とされてきたことに由来します。

お正月の花としても人気の花。
年の瀬になると夜店などでも苗
や、マンリョウや松竹梅ととも
に植えられた寄せ植えが売られ
ます。
英語名のAdonis amurensis「悲
しき思い出」は、ギリシャ神話で
イノシシに殺された美少年アド
ニスの伝説にちなみます。

科・属名：キンポウゲ科・
　　　　　フクジュソウ属
原産地：日本
学　名：*Adonis remasa*
和　名：福寿草（フクジュソウ）
開花時期：2～4月

スノードロップ

冬の終わりから春先にかけて、控えめで真っ白な花を咲かせ優しく春を告げてくれます。

2月

Language of Flowers

「希望」「慰め」
裏 **「死」「あなたの死を望む」**

可憐な花の姿とは裏腹な不吉な花言葉「死」は、昔、恋人の死を悲しんだ乙女ケルマが恋人の傷の上にこの花を置くと、彼の肉体が Snow drop「雪のしずく」になったというイギリスの伝承に由来します。もう1つの花言葉「希望」と、いつの間にか一緒にされ「あなたの死を望む」というさらに怖い印象のものに発展してしまったそうです。

Data of Flowers

科・属名	：ヒガンバナ科・マツユキソウ属
原産地	：東ヨーロッパ
学名	：*Galanthus*
和名	：待雪草（マツユキソウ）
開花時期	：2～3月

誕生花からの占いメッセージ（2月）

1日	2日	3日	4日

フリージア（黄）

**1番を目指す
がんばり屋**

個性的なセンスを
もつ芸術家タイプ
です。あなた本来
の魅力が新しい発
想につながるため
には、周囲との距
離を保つことも大
切です。

シラー

**バランス感覚に優
れた寂しがり屋**

ムードメーカーで
楽しいことが大好
き。常にだれかに
そばにいてほしい
と思っています。
知性にあふれ、バ
ランス感覚に優れ
ています。

スノードロップ

**何事も受け入れる
器の大きな人**

子どものような感
性をもち、とても
素直な人です。コ
ミュニケーション
能力が抜群で、人
との交流では豊か
な表現力を発揮す
るでしょう。

ボケ

**几帳面な
しっかり者**

知性で道を切り拓
き、頭脳でなんで
も解決していく人
です。クールに見
えますが、情熱を
隠しもち、天性の
カリスマ性があり
ます。

5日	6日	7日	8日

スイレン

**新しいものを
追い求める探求人**

危険なことにも飛
び込んでしまうあ
なた。周囲をいつ
もハラハラさせま
すが、周りを気に
せず、思うがまま
に才能を発揮する
でしょう。

エリカ

**知性あふれる
勉強家**

高い美意識をもち
会話もウィットに
富み、ユーモアも
あるため周りを笑
顔にします。
知識を生かして、
交友関係も広がっ
ていくでしょう。

ウメ

**独特の感覚をもつ
思慮深い人**

職人気質で知的探
求心がとても優れ
た人です。勉強熱
心で、自分の考え
をしっかりもって
表現できる力があ
り、一目置かれる
存在です。

ユキノシタ

**心が広く
安心感を与える人**

元来、成功を得や
すい人です。物事
にこだわらない無
邪気なところを
もっています。ま
た、何が大切なの
かをよく知ってい
る人です。

2月

9日

キンバイカ

**何でもこなす
器用な人**

自分というものを
しっかりともって
いる人です。器用
なぶん、移り気な
ところもあるの
で、自分の得意分
野を見つけること
が大切です。

10日

エンドウ

**大きな影響力
をもつ人**

リーダシップがあ
り、物事を成し遂
げられる人です。
周囲に希望を与え
ることができるほ
ど、あなたの影響
力はとてつもなく
大きいものです。

11日

イベリス

**強いインスピレー
ションをもつ人**

あなたのひらめき
に、周りは驚かさ
れることもあるで
しょう。直感力に
加え、バランス感
覚も優れているの
で、何事も器用に
対処します。

12日

スプレーギク

**周りの人に
勇気を与える人**

「自分の世界」を
はっきりともって
います。自分の知
識を惜しむことな
く周りに与えるこ
とのできる、ボラ
ンティア精神もあ
ります。

13日

エーデルワイス

**理知的で
頭の回転が早い人**

自分の限界を知っ
ている人ですが、
あなたのもつ力
は、自分で思う以
上に強力です。頭
がよく、周囲から
頼られることも多
いでしょう。

14日

シュンラン

**魅力的な感性の
持ち主**

穏やかな性格で、
コミュニケーショ
ン力に優れていま
す。ファッション
センスも高く、あ
なたの周りには自
然と人が集まって
きます。

15日

ミツマタ

**ユーモアのある
個性的な人**

束縛が嫌いで、自
由を好む人です。
マニアックなとこ
ろがあり、趣味が
合う人とはいつま
でも時間を共にす
ることができるで
しょう。

16日

フリージア（白）

**よい方向へ向かっ
て前進する人**

世の中に貢献した
いと思っている、
ボランティア精神
にあふれた人で
す。職人気質でも
あるので、クリエ
イティブなことに
も向いています。

35

17日	18日	19日	20日

ミモザ

愛と正義を
重んじる人

周りの人に、あふ
れるほどの愛情を
注ぐ人です。
正義感も強く、た
とえどんな相手に
対しても、正義を
貫く強さをもって
います。

キンポウゲ

内に秘めた
熱い心の持ち主

心の中は、いつも
情熱にあふれてい
る人です。でもそ
の情熱は、人には
わからないでしょ
う。あなたが心を
隠すのがとても上
手だからです。

ユーフォルビア

陽気で温かい
太陽のような人

あなたの陽気な性
格は周囲を照らす
太陽のようです。
しっかりとした物
の考え方をする人
で、自然と人が集
まるカリスマ性も
備えています。

コブシ

何度でも
立ち上がれる人

どんな困難にぶつ
かっても、何度で
も立ち上がること
ができる粘り強い
人です。あきらめ
ずに物事に取り組
むことが成功する
カギです。

21日	22日	23日	24日

スミレ

直感力が
とても強い人

何が自分にとって
大切なのかを直感
的にわかっている
人です。直感力の
高さをいかして迷
うことなく自分の
人生を切り拓いて
いきます。

ハナニラ

周囲を魅了する
存在感がある人

情が深く、素直で
真面目な人です。
人望があるので、
周りに人が集まっ
てきますが、自分
のやりたいことに
集中する時間も大
切にしましょう。

スノーフレーク

常識的で
責任感の強い人

自分の考えを大切
にする人です。一
度感じた思いは、
よくも悪くも貫き
通します。特に信
頼関係を築いた相
手に対しては、真
心で接します。

ニッコウキスゲ

謎めいた
雰囲気をもつ人

1人で行動するこ
とが好きです。心
を開く相手は限ら
れていますが、信
頼した人をとても
大切にします。周
囲からは謎めいて
見えるでしょう。

25日	26日	27日	28日

カランコエ

**勤勉さと直感力
を兼ね備えた人**

勤勉で、鋭いひら
めきをもつ感受性
豊かな人です。成
功するためには、
自分の直感と知識
を信じて、ひたす
ら突き進んでいく
とよいでしょう。

ミズバショウ

**達成願望の
強い野心家**

自分の目標に向
かって、とても努
力するので成功が
手に入りやすい人
です。協調性もあ
り、周囲からの助
けも得られやすい
でしょう。

ミルトニア

**愛情深い
ロマンチスト**

天性の品があり、
とてもチャーミン
グなあなたは、常
に注目の的。自分
の魅力にあぐらを
かかず、謙虚さを
もつと魅力がさら
に増すでしょう。

シンビジウム

**包み込むような
温かさをもつ人**

真の強さから生ま
れる温かさを感じ
させるあなた。周
りの人のことばかり
優先せずに、とき
には自分を第一
に考えることも必
要です。

2
月

29日

パンジー

**だれでも味方に
してしまう人**

情緒が豊かなので
気分屋と思われる
ことがあります
が、だれにも真似
てきない発想力は
周囲を圧倒し、あ
なたの声に耳を傾
けさせます。

ラナンキュラス

幾重にも重なった明るい花びらが魅力の春の花。近年は品種改良が進み、花色・花形も変化に富んだものになりました。Ranunculus（ラナンキュラス）はラテン語の「rana（カエル）」を語源とし、ラナンキュラスの原種が湿地を好み、葉の形がカエルの足に似ていることに由来します

Language of Flowers

「とても魅力的」「晴れやかな魅力」
「光輝を放つ」「名声」「合格」

「とても魅力的」「晴れやかな魅力」は、ラナンキュラスの花びらが、シルクのドレスのような肌触りや、明るく鮮やかな色合いをしていることに由来しています。また、早春に出回ることが多いということから縁起の良い「合格」という花言葉がつけられ、別名「合格の花」ともいわれます。

Data of Flowers

科・属名	キンポウゲ科・キンポウゲ属
原産地	中近東からヨーロッパ南東部
学　名	*Ranunculus asiaticus*
和　名	花金鳳花（ハナキンポウゲ）
開花時期	3〜5月

- 紫：「幸福」
- 緑：「お祝い」「名誉」
- 黄：「優しい心遣い」
- ピンク：「飾らない美しさ」
- 赤：「あなたは魅力に満ちている」
- 白：「純潔」
- オレンジ：「秘密主義」

3月

青年の名からつけられたラナンキュラス

　コロンとした丸い形は品種改良によるもので、元々のラナンキュラスはお椀型の一重の花でした。イギリスに伝わるとPersian buttercup「ペルシャのバターカップ」という英名がついています。フランスのルイ9世（1214～1270）は十字軍に加わり、聖地エルサレムをイスラム教諸国から奪還するために戦い、帰国する際に花が大好きな母親のために、ラナンキュラスを持ち帰ったといわれます。

　ギリシャ神話では、ラナンキュラスとピグマリオンという二人の青年が恋のライバルになり、失恋の悲しみで失踪し早世したラナンキュラスの墓に咲いていた一輪の花に、ラナンキュラスと名づけたともいわれています。

Dianthus
ナデシコ

ナデシコの仲間は世界で300以上の品種があるといわれ、日本でも秋の七草のひとつのカワラナデシコや、ハマナデシコなど4種が自生しています。白やピンク、赤などから黄色や褐色、黒にいたるまで花色も豊富です。

Language of Flowers

「大胆」「純愛」
「貞節」

「大胆」は、西洋のナデシコの赤い色から。「純愛」「貞節」の花言葉は、細く糸状のピンクの花びらがもたらす繊細なイメージにちなむといわれます。

Data of Flowers

科・属名	：ナデシコ科・ナデシコ属
原産地	：ヨーロッパから南アフリカ
学名	：*Dianthus hybrids*
和名	：撫子（ナデシコ）
開花時期	：3〜5月、9〜11月

ピンク：「純粋な愛」

白：「器用」「才能」

赤（八重）：「純粋で燃えるような愛」

3月

悪霊退治の矢がナデシコに

　昔むかし、東国の山道に悪霊の宿る大きな岩がありました。人が通るたびに風を起こしたりうめいたりするので、人々は気味悪がり、困っていました。そこへ島田時主という豪傑が、岩の悪霊退治にでかけ、矢を放って見事岩に命中させ、おとなしくさせたそうです。その矢は抜けずにそのままナデシコの花になったという言い伝えがあります。

　また、万葉集には26首もナデシコが登場し、うち12首は大伴家持作で、家持がいかにナデシコを好んだかがわかります。「なでしこが　その花にもが　朝な朝な　手に取り持ちて　恋ひぬ日なけむ（あなたがナデシコの花であったなら私は毎朝手に取って愛でるだろうに）」は、代表作とされています。

41

Flowering quince
ボ ケ

庭木や盆栽、生垣、切り花などで古くから親しまれてきた花で、200を超える品種があります。平安初期以前に中国から伝来し、大正時代と昭和40年代の2回のブームでたくさんの品種が作出されました。

Language of Flowers

「平凡」「早熟」「熱情」「先駆者」

Data of Flowers

科・属名	：バラ科・ボケ属
原産地	：中国
学　名	：Chaenomeles speciosa
和　名	：木瓜（ボケ）
開花時期	：3～5月

花言葉の由来ははっきりしませんが、「平凡」はボケが低木で小さい庭に向くことにちなみ、「先駆者」はボケを家紋にした織田信長にちなむといわれます。

3月

Magnolia kobus

コブシ

サクラとともに、春の訪れを告げる花です。種まきや田植えの時期を知らせる花として、「田打ち桜」と呼ばれてきました。モクレンと似ていますが、コブシは開花時に花の下に小さい葉がつくことで区別します。

Language of Flowers

「友情」「友愛」 「愛らしさ」

花言葉の「愛らしさ」は、子どもの握りこぶしのようなつぼみの形に由来するといわれます。「友情」「友愛」は、純白でくもりのない花姿からつけられました。

Data of Flowers

科・属名：モクレン科・モクレン属
原産地：日本・韓国（済州島）
学　名：*Magnolia (obus(Magnolia praecocissima)*
和　名：辛夷（コブシ）
開花時期：3〜5月

43

ペチュニア

春から夏にかけて、ラッパのようなカラフルな花をつけるペチュニア。花は大輪から小輪、八重など多彩で、株姿もこんもり茂るものから枝垂れるものまで多様で、花壇やコンテナでもおなじみの花です。学名のPetunia（ペチュニア）は、ブラジル先住民の言葉でタバコを意味し、花がタバコの花に似ていることに由来しています。

Language of Flowers

「あなたと一緒なら心がやわらぐ」
「心のやすらぎ」
「心が和む」

心地よさを表す優しい花言葉は、タバコを吸っているときの癒しの気持ちを表してつけられたといわれます。

Data of Flowers

科・属名	：ナス科・ペチュニア属
原産地	：南アメリカ
学名	：*Petunia*
和名	：衝羽根朝顔（ツクバネアサガオ）
開花時期	：3〜11月

アルメリア

小花がボール状に集まり、白や赤、ピンクの直径2㎝
ほどの花を咲かせるアルメリア。かんざしのような花
がかわいらしく、春の寄せ植えにもよく使われます。

3
月

Language of Flowers

「同情」「思いやり」
「共感」「心遣い」

これらの花言葉は、アルメリアが小花が
身を寄せ合って丸い花を形づくっている
ところからつけられたといわれます。

Data of Flowers

科・属名：イソマツ科・
　　　　　ハマカンザシ属
原産地：ヨーロッパ、北アフリカ
学　名：*Armeria*
和　名：浜簪（ハマカンザシ）
開花時期：3〜5月

クンシラン

「ラン」といっても、じつはネリネやリコリスと同じヒガンバナ科の植物です。春にオレンジの豪華な花を咲かせ、つややかな葉は一年中楽しめます。乾燥に強く育てやすい多年草です。

Language of Flowers

「高貴」
「誠実」
「情け深い」

明治時代にクンシランのクリビア・ノビリスという種が渡来し、ノビリスは「高貴な」という意味であることや和名の「君子」から、「高貴」「誠実」の花言葉がついたといわれます。

Data of Flowers

科・属名	ヒガンバナ科・クンシラン属
原産地	南アフリカ（ナタール地方）
学名	*Clivia miniata*
和名	君子蘭（クンシラン）
開花時期	3～5月

46

スミレ

日本にも自生するなじみ深い花。道端や田畑のわき、
山地から平地まで幅広く分布します。
多くの葉や茎を伸ばし、茎の先端に2cmほどの小さな
紫色の花を一輪つけるのが一般的です。花色は紫から
白、赤紫などで、筋模様が入るものもあります。

Language of Flowers

「謙虚」「誠実」
「小さな幸せ」

「謙虚」「誠実」は、道端でひっそ
り花を咲かせるスミレの奥ゆかし
い花姿に由来します。

3月

白：「あどけない恋」「無邪気な恋」「純潔」
黄：「田園の幸福」「慎ましい喜び」
● 紫：「貞節」「真実の愛」
● ピンク：「愛」「希望」

Data of Flowers

科・属名	スミレ科・スミレ属
原 産 地	日本、中国、朝鮮半島
学　　名	*Viola mandshurica*
和　　名	菫（スミレ）
開花時期	3〜5月

ミスミソウ

里山の雑木林に自生し、白や桃色、赤、紫と多彩な色の花を咲かせ、「三角草（ミスミソウ）」という和名のとおり三裂した三角に見える葉をつけます。また、早春に雪を割るようにして花を咲かせることから「雪割草（ユキワリソウ）」の別名もあります。

Language of Flowers

「はにかみ屋」
「自信」

「はにかみ屋」は雪の下から恥ずかし気に顔をのぞかせることにちなみます。「自信」は、寒さに耐え、厳しい冬を乗り切って咲くことからつけられました。

Data of Flowers

科・属名	キンポウゲ科・ミスミソウ属（イチリンソウ属）
原産地	北半球の温帯
学名	*Hepatica nobilis*
和名	三角草（ミスミソウ）
開花時期	2〜5月

3月

Spring starflower

ハナニラ

歯や球根を傷つけるとニラのような香りがすることからつけられた和名ですが、食用のニラ（ネギ属）とは別属です。光に反応する性質があり、夜や曇りの日には花びらを閉じ、花は日が射す方向に動きます。

Language of Flowers

「耐える愛」
「悲しい別れ」

花言葉は、青みがかった白い花色が憂いをおびて、もの悲しい印象を与えることに由来するといわれています。

Data of Flowers

科・属名	：ヒガンバナ科・ハナニラ属
原 産 地	：アルゼンチン、ウルグアイ
学 名	：*Ipheion uniflorum*
和 名	：花韮（ハナニラ）
開花時期	：3～5月

49

Tumip rape
ナノハナ

黄色く鮮やかな花とつぼみの緑のコントラストが魅力のナノハナ。暖かい地方では1月から開花し、春の訪れを告げる花です。「菜」とは本来「食用」を指し、食用の花という意味。

Language of Flowers
「快活」「明るさ」

花言葉の「快活」「明るさ」は、春の香りを運び、人々の心を明るくする花姿に由来するといわれます。

Data of Flowers

科・属名	アブラナ科・アブラナ属
原産地	北ヨーロッパからシベリアの海岸地帯
学名	*Brassica napus*
和名	菜の花（ナノハナ）
開花時期	1〜5月

Dandelion
タンポポ

タンポポはキク科タンポポ属の総称で、3
〜4月に黄色い花を咲かせる野草です。
花の咲いた後は白い綿毛になり、風に乗っ
て飛び、タネを遠くまで飛ばします。

Language of Flowers

「愛の神託」「神託」
「真心の愛」「別離」

3
月

古くからヨーロッパではタンポポの綿毛
で恋占いをしていたところから、「愛の
神託」「神託」の花言葉がつきました。
「別離」は、タンポポの綿毛が飛んでい
くようすにちなむといわれます。

Data of Flowers

科・属名	：キク科・タンポポ属
原産地	：北半球を中心に広く分布
学名	：*Taraxacum*
和名	：蒲公英（タンポポ）
開花時期	：3〜5月（セイヨウタンポポ 　　は夏も開花）

Windowsill orchid

タイリントキソウ

日本のトキソウに比べ
て大きな花を咲かせる
ことから「大輪（タイリ
ン）」がつき、「朱鷺草（ト
キソウ）」は、花の色が
朱鷺の翼の色（トキ色）
に似ていることに由来
します。球根性のラン
で育てやすく、とても
美しい花を咲かせます。

Data of Flowers

科・属名	：ラン科・タイリントキソウ属（プレイオネ属）
原産地	：台湾・中国東部
学名	：*Pleione formosana*
和名	：大輪朱鷺草（タイリントキソウ）・台湾朱鷺草（タイワントキソウ）
開花時期	：2～4月

Language of Flowers

「控えめ」「幻の愛」

鼻の下に小さな葉をつけて、ひっそりと咲く
気品のある姿から、「控えめ」という花言葉
がつけられました。「幻の愛」は、すでに絶
滅した「日本の朱鷺」にちなんでつけられた
ともいわれています。

キンギョソウ

白や赤、ピンク、オレンジ、黄色など、カラフルな花をにぎやかに咲かせる花。甘い香りと、金魚を思わせるふっくらとした花形が特徴です。

Data of Flowers

科・属名	オオバコ科・ キンギョソウ属
原産地	地中海沿岸
学名	*Antirrhinum majus*
和名	金魚草（キンギョソウ）
開花時期	3～6月、9～10月

3月

Language of Flowers

「上品さ」「優雅さ」

裏「おしゃべり」

裏「でしゃばり」

裏「おせっかい」

花言葉の「おしゃべり」「でしゃばり」「おせっかい」は、口をパクパクさせて話しているような花姿に由来します。

53

誕生花からの占いメッセージ（3月）

1日

ラッパズイセン

**生まれながらに
華やかさをもつ人**

美しいものが大好きなあなた。華やかな雰囲気で、周りの人々を魅了します。成功するためには、謙虚さを忘れずにいることが大切です。

2日

ストック

**好奇心旺盛で
行動的な人**

束縛が嫌いて自由を愛する人てす。あなたにとって自由ほど大切な物はありません。好奇心が旺盛なので、変化も恐れずに人生を楽しみます。

3日

モモ

**人には理解され
にくい非凡な人**

平凡なことは好まず、非現実的なところがある人です。感情の浮き沈みはありますが、それは繊細さと芸術性の現れでもあります。

4日

ナノハナ

**本当は夢に
包まれていたい人**

表向きは現実的てすが、心の中は夢見がち。観察力があるので人づきあいは上手です。周囲から意見を求められたりすることも多いでしょう。

5日

クンシラン

**いろいろな世界に
触れてみたい人**

知らない世界を見てみたいと思っている人。知らない土地を訪れたり、文化的なことなど知らないことを知ることが好きてたまりません。

6日

ヒナギク

**無邪気さで
希望を与える人**

あなたを見ていると自分も頑張りたくなるような力を周囲に与える人てす。あなたの無邪気さや、豊かな感性には不思議な影響力があります。

7日

ニリンソウ

**正しい判断力と
強運をもつ人**

人より深く物事を考える知性的な人。周囲には、人が理解できないようなこともわかってしまうミステリアスな人という印象を与えます。

8日

ワックス
フラワー

**好きなものを見つ
けたら無敵な人**

物事にのめり込みやすい人です。目標を見つけると、一直線にゴールに向かって突き進む気質で、その情熱と実行力は周囲を圧倒します。

3月

9日

アルメリア

情熱で人生を
切り拓く人

見た目は物静かに見えますが、心の中は情熱のかたまりのような人です。何か困難が生じても、持ち前の強さで切り抜けていけます。

10日

スプレー
カーネーション

周りの人を大切に
する心優しい人

あなたにとって大切なのは、親しい人たち。自分だけ成功したいとは思わないので、一緒に成長していける人の中に身を置くとよいでしょう。

11日

ユキヤナギ

天性の
リーダー的存在

多彩な能力をもつ天才肌。適応力も高く、周囲からも認められる存在です。自分にとって何がいちばん大切かを見極める必要があります。

12日

ツクシ

子どものように
愛らしい人

おっとりしていて、愛されキャラです。世間にはあまり関心がなく、ピュアな心の持ち主なので、周りの人たちに助けてもらえます。

13日

エニシダ

憧れられる
崇高な人

信念があり、人々を導く天性の力をもった人です。その力は人のために使うので、あなたには常に憧れと信頼の眼差しが向けられるでしょう。

14日

シザンサス

思いやりあるエネ
ルギッシュな人

エネルギーにあふれる人で、自分の心のままに行動します。そのため、ときに誤解もされますが、周りの人を大切にする心ももっています。

15日

ビオラ

運を味方につけた
冷静な人

全体的に運がよい人です。冷静に判断できるのに、変化に弱い面がありますが、何事も自信をもって行えば、運はあなたを裏切りません。

16日

ビジョナデシコ

本当の正義を
知っている人

慈愛に満ちたあなたは、尊敬すべき人です。ときに自分の欲によってストレスを感じることがあるので、気分のリフレッシュが大切です。

17日	18日	19日	20日

アザレア	トサミズキ	シダレザクラ	スイートピー
強運と誠実さを備えた人	**正義感が強い孤高の人**	**真心を大切にする誠実な人**	**集中力があり周囲と調和できる人**
きちんと自分をもって生きている人。一見穏やかに見えますが、負けず嫌いな一面も。ても、その気の強さが運をさらに高めてくれます。	群れることが苦手ですが、礼儀正しく、どことなく品もあり、周りの人を惹きつけます。頭の回転もとても早く、頼られる存在です。	心がとてもピュアて親切な人です。余計な欲がなく、真心というものをいちばん大切に考えて生きていこうと、常に思っている人てす。	集中力がずば抜けている人です。何事もコツコツとやり遂げるでしょう。周囲との調和も大切にすることができる、とても器用な人です。

21日	22日	23日	24日

マンサク	クモマグサ	ヒマラヤユキノシタ	カイドウ
二面性が魅力になっている人	**闘争心みなぎるパワフルな人**	**とても多才で器用な人**	**裏表のない正直な人**
静と動をあわせもつ不思議な人。フットワークが軽く、仕事も遊びも楽しみます。プレッシャーに弱い部分があるので、注意が必要です。	闘争心があり、社会に出てもその意欲を失わない人です。個性的でセンスのあるおしゃれな人なので、周囲からも注目の的となります。	忍耐強い気質なのですが、好奇心と探究心が強く、いろいろなものに手を出してしまう傾向があります。得意なことに集中することが重要。	裏表がない性格てす。意志が強く、人当たりもよいので、周囲を惹きつけます。頑固すぎると、あなたのよさが失われるので注意しましょう。

25日	26日	27日	28日
カキツバタ	プリムラ	ムスカリ	エンジュ
悠々とした自由人	清らかで澄んだ心をもつ人	理想に向かって前進する人	周囲から力を与えられる人
物事に動じることがなく、時の流れに身をまかせて生きる人です。束縛されるのが嫌いで、いつも自由でいたいと望んでいます。	精神性を重んじる、神秘的な人です。人と争うことを嫌い、調和を大切にします。自分の気持ちをきちんと言葉で伝えるよう心がけると吉。	物事をまっすぐにとらえる人です。行動力がありエネルギッシュ。その強い精神力を生かすことができれば、あなたの未来は明るいです。	義理堅く、情の深い人なので、当たり前のように周囲から助けられます。何事にも情が厚いので、周りもそれに応えてくれるのです。

29日	30日	31日
イカリソウ	ゲッケイジュ	キンセンカ
優しすぎるクリエイター	芸術面での能力が高い人	明るい笑顔の秘密主義タイプ
あなたにとって大切なのは、自信を失わないこと。クリエイティブな才能があるので、目標が見つかったら、迷うことなく進みましょう。	美意識が高く、芸術面での才能があります。怖いもの知らずでチャレンジするので、おのずと成功を手に入れることができるでしょう。	人との関係性を上手にこなし、責任感もあるので、周りからの信頼は厚いです。秘密主義なところもありますが、自分を守るためには必要。

Alstroemeria
アルストロメリア

南米原産のこの花には「インカの百合」という別名があります。1本の茎に、順番に3つほど花が咲いていくのが特徴です。色が豊富で花もちがよいので、切り花としてとても重宝されています。

Language of Flowers

「エキゾチック」「持続」

「エキゾチック」は花のもつエキゾチックな印象からきています。「持続」は、花もちのよさからつけられました。

- 赤：「幸せ」
- 白：「凛々しさ」
- ピンク：「気配り」
- 黄：「持続」
- オレンジ：「友情」

Data of Flowers

科・属名	：ユリズイセン科・アルストロメリア属
原産地	：南アフリカ
学名	：*Alstroemeria*
和名	：百合水仙（ユリズイセン）
開花時期	：4〜7月

Sweet pea
スイートピー

Sweet pea「甘い豆」の名のとおり、ほのかな甘い香りをもっています。3〜4月の門出の時期に、赤やピンク、白、青、紫などの香りのよい花を咲かせます。

Language of Flowers

「門出」「優しい思い出」

蝶が飛び立っているように見える花の形と、出会いや別れの季節に花を咲かせることからこれらの花言葉をもつようになりました。

Data of Flowers

科・属名	：マメ科・レンリソウ属
原 産 地	：イタリア（シチリア島）
学 名	：*Lathyrus odoratus*
和 名	：麝香豌豆（ジャコウエンドウ）・香豌豆（カオリエンドウ）
開花時期	：4〜6月

Tulip
チューリップ

花の形が頭に巻く「ターバン」を連想させることから、ターバンを意味するペルシャ語のTulipan から名づけられたとされています。17世紀にはオランダでチューリップブームが起き、色とりどりの苗が投機の対象とされました。

3人の騎士に愛された少女の物語

　昔、オランダにとても美しい少女がいました。その少女は3人の騎士からそれぞれプロポーズされていました。

　しかし、3人のうちだれも傷つけたくなかった少女は、花の女神フローラに自分を花の姿に変えてほしいとお願いしました。

　少女の願いを聞き入れた女神フローラは、少女を美しいチューリップの花に変えたそうです。

　3人の騎士がそれぞれ少女に贈った王冠は花に、剣は葉に、そして黄金は球根となって、チューリップの中にその姿をとどめているそうです。

Language of Flowers

「思いやり」

花言葉の由来は、相手のことを思いやって花の姿になってしまった少女の物語（左下）
からきているそうです。
色別の花言葉にも「愛」を表現したものが多く、恋人に贈る花としても定番です。

4月

● 赤：「真実の愛」

　白：「純粋」「誠実な愛」

● ピンク：「優しさ」「愛の芽生え」

　黄：「明るさ」

● 紫：「不滅の愛」

Data of Flowers

科・属名	：ユリ科・チューリップ属
原産地	：中央アジア〜北アフリカ
学名	：*Tulipa*
和名	：鬱金香（ウコンコウ）
開花時期	：3〜5月

Bouvardia
ブバルディア

花の先が4つに割れて咲くようすが十字架に見えることから、花嫁のためのウエディングブーケに使われるようになりました。

「情熱」「夢」「交流」

Data of Flowers

花の名は、フランス王ルイ13世の庭園長だったシャルル・ブパールの名前から。ヨーロッパの園芸家たちが、野生の原種を交配・改良を重ねて美しくつくりあげてきた花で、花言葉には彼らの思いがこめられているそうです。

科・属名	アカネ科・ブバルディア属
原産地	メキシコ
学名	*Bouvardia*
和名	管丁字（カンチョウジ）
開花時期	4〜6月、10〜12月

サクラ

日本人が愛してやまないサクラですが、その種類は600種以上あります。とくに江戸末期に出現したソメイヨシノは、明治以降、日本全国の各地に広まり、サクラを代表する品種となっています。

4月

Language of Flowers

「精神の美」
「優雅な女性」

「精神の美」は、アメリカの初代大統領のジョージ・ワシントンが、子どものころ父親が大切にしていた桜の木を誤って切ってしまったことを正直に告白したということからつけられました。「優美な女性」は桜の優美さを女性の美しさにたとえたものです。

Data of Flowers

科・属名	バラ科・サクラ属
原 産 地	日本、中国、朝鮮半島
学　名	*Cerasus*
和　名	桜（サクラ）
開花時期	3〜4月

ボタン

華やかなボタンの花は、日本やアジア地域では古くから「百花の王」と称され愛され
てきました。歌人与謝野晶子も、ボタンの花を「神秘の花」「熱の花」と呼び、歌をい
くつも詠んでいます。

ボタンの花に変えられた「医の神」ペオン

　ボタン属の学名 Paeonia は、ギリシア神話に登場する医の神 Paeon に由来
します。ペオンは、薬草を探してオリンポスの山にたどり着き、そこで出産の
女神レトから、ボタンの根に痛みを和らげる成分があることを教わります。
　ペオンはトロイ戦争で傷ついた冥界の王ハデスをその薬草で治してやり、そ
の後、ほかの負傷した神々も同じように治療します。しかし、レトに教わった
薬で、師であった医神アスクレピオスより有名になってしまったペオンは、師
に嫉妬され殺されてしまいます。恩人の死を悲しんだハデスは、ペオンをその
薬草の姿に変えたということです。

Language of Flowers

「富貴」
「恥じらい」

4月

「富貴」は中国の儒学者周敦
頤の『愛蓮説』の一節「牡丹
は花の富貴なるものなり」に
由来するといわれています。
「恥じらい」は、花弁がそっ
と隠れるように咲くようすか
ら、また、植え替え後にはし
ばらく咲いてくれないことか
らもつけられたそうです。

Data of Flowers

科・属名：ボタン科・ボタン属
原産地：中国
学　名：*Paeonia suffruticosa*
和　名：牡丹（ボタン）
開花時期：4〜5月

65

Banksia rose

モッコウバラ

名前の由来は、香りがキク科の「木香」という花に似ていることからです。

「純潔」「初恋」「素朴な美」

大輪のバラのような、華やかさはありませんが、素朴で可愛らしい印象からこれらの花言葉がつけられました。

Data of Flowers

科・属名	バラ科・バラ属
原産地	中国
学名	Rosa banksiae
和名	木香薔薇（モッコウバラ）
開花時期	4～5月

Gymnaster

ミヤコワスレ

鎌倉時代に承久の乱に敗れ、都を追われて佐渡に流された順徳上皇が詠んだ
とされる歌
「いかにして 契りおきけむ 白菊を 都忘れと 名づくるも憂し」
から名づけられた花です。

4月

Language of Flowers

「また会う日まで」
「しばしの慰め」

Data of Flowers

花言葉は、この花の気品あふれる美しさが、都
を恋しく思う順徳上皇の心を慰めたという故事
から。

科・属名	：キク科・ミヤマヨメナ属
原 産 地	：日本
学 名	：*Gymnaster savatieri*
和 名	：都忘れ（ミヤコワスレ）
開花時期	：4～6月

67

Japanese primrose

サクラソウ

学名のPrimula sieboldiiは、江戸時代にサクラソウをはじめてヨーロッパに紹介した、博物学者シーボルトの名前にちなみます。

一茶も歌に詠んだサクラソウ

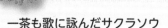

　サクラソウは昔から日本人に愛されてきた花ですが、関東地方に多く見られた自生種をもとに、江戸時代に園芸品種としての栽培が始まりました。

　当時、小林一茶の詠んだ「我が国は 草も桜を 咲きにけり」という句があります。「日本では草といえども美しく咲く」という意味です。

　江戸時代には、武士や庶民が落ち着いて日々の暮らしを楽しむことができたことから、競い合って花を愛でる文化が生まれました。鎖国期に江戸を訪ねた英国人のフォーチュンは日本人の花好きと庶民の文化程度の高さを称賛し、オランダ人のシーボルトは多くの日本の園芸植物を欧州に持ち帰って日本産園芸植物ブームの火付け役となったのでした。

「初恋」「憧れ」

花言葉は、ハート形の花びら
の形や、清楚な花の姿に由来
するといわれます。

4
月

Data of Flowers

科・属名	サクラソウ科・サクラソウ属
原産地	日本、中国、朝鮮半島
学名	*Primula sieboldii*
和名	桜草（サクラソウ）
開花時期	4〜5月

アザレア

日本では日本系のツツジを「ツツジ」、西洋系のツツジを「アザレア」と呼びます。
西洋系のアザレアのほうが、花びらにフリルがあって華やかな印象です。ラテン
語のazaleos「乾燥」が語源で、乾燥した土地を好む性質から名づけられました。

Language of Flowers

「節制」「禁酒」
「恋の喜び」

Data of Flowers

「節制」「禁酒」（禁酒は英語で dry という
ことにちなむ）は、枯れた土地のイメー
ジから生まれた花言葉です。
「恋の喜び」は可憐な花の姿から。

科・属名	ツツジ科・ツツジ属
原 産 地	日本、中国、台湾
学 名	*Rhododendron*
和 名	西洋躑躅（セイヨウツツジ）
開花時期	4〜5月

ツルニチニチソウ

冬でも緑色の葉っぱをつけていることから、古代ヨーロッパでは「悪い物を寄せつけない」「繁栄と幸福をもたらしてくれる」と言い伝えられていました。
また、不死のシンボルとして身につけることもあったそう。そこから「魔女のすみれ」「大地の喜び」という別名も生まれています。

Language of Flowers

「幼なじみ」
「楽しい思い出」

「楽しい思い出」は、哲学者ジャン＝ジャック・ルソーが、偶然にこの花を見つけたときに、かつて恋したヴァランス夫人が「ツルニチニチソウがまだ咲いているわ」と言っていたことを思い出し、楽しかった恋の日々が胸に蘇ったという話にちなむといわれます。

4月

Data of Flowers

科・属名 ：キョウチクトウ科・
　　　　　ツルニチニチソウ属
原産地　：南ヨーロッパ、アジア
学　名　：*Vinca major*
和　名　：蔓日々草（ツルニチニチ
　　　　　ソウ）
開花時期：3〜6月

Dogtooth violet
カタクリ

春先に可愛らしい花を咲かせるカタクリは、山地の林に群生します。片栗粉は、カタクリの鱗茎（球根）のデンプン質から作られますが、最近はジャガイモのデンプンから作られたものが多いようです。

Language of Flowers

「寂しさに耐える」
「初恋」

「寂しさに耐える」は、うつむいて花を咲かせる花の姿から。また、「初恋」もそのようすから、自分の気持ちをうまく伝えられない、初恋のもどかしさを連想したものであるといわれます。

Data of Flowers

科・属名	：ユリ科・カタクリ属
原産地	：日本、サハリン、朝鮮半島
学名	：*Erythronium japonicum*
和名	：片栗（カタクリ）
開花時期	：3〜5月

イカリソウ

イカリソウの名は船の錨（イカリ）を引きあげているような花の姿から名づけられました。おもに低い山地の落葉広葉樹林に咲きますが、種類によっては草原や石垣などに生えることもあります。さまざまな薬効をもち、観賞用だけでなく生薬としても活用されてきました。

4月

Language of Flowers

「君を離さない」
「旅立ち」

花言葉の「君を離さない」は、船を定位置に固定する錨のイメージにちなみます。
「旅立ち」は、船出を連想させる花の形から。

Data of Flowers

科・属名	メギ科・イカリソウ属
原産地	日本
学名	*Epimedium grandiflorum*
和名	錨草（イカリソウ）
開花時期	4〜5月

Clover
クローバー

　和名の白詰草（シロツメクサ）は、江戸末期にオランダから輸入される器や書物などの梱包に、クローバーの枯草が詰め物として使われていたことからつけられました。ヨーロッパでは四つ葉を見つけたときは、だれにも言わずに左靴の中に隠しておくと幸運が訪れるといわれています。

Language of Flowers

「約束」
「私を想って」

クローバーはアイルランドの国花で、聖パトリックの祝日には、その葉を胸にさします。
「約束」はこの風習からきています。
また、クローバーは初恋の人に秘めた想いを伝える花という言い伝えがあり「私を想って」の花言葉がつけられました。

Data of Flowers

科・属名	：マメ科・シャジクソウ属
原産地	：ヨーロッパ～西アジア
学名	：*Trifolium repens*
和名	：白詰草（シロツメクサ）
開花時期	：4～7月

Hyacinth
ヒヤシンス

オスマン帝国のムラト3世は、この花を愛し、山に自生していた5万本近いヒヤシンスをイスタンブールに集めさせたといわれています。

Language of Flowers

裏「悲しみ」「悲哀」

ヒヤシンスには悲しい花言葉がつけられていますが、これらはギリシャ神話（下記）に由来します。

Data of Flowers

科・属名 ：キジカクシ科・ヒヤシンス属
原産地 ：地中海東部沿岸
学 名 ：*Hyacinthus orientalis*
和 名 ：風信子（ヒヤシンス）
開花時期 ：3～4月

4月

紫のヒヤシンスは悲しみの花

　ヒヤシンスの名前は、ギリシャ神話で太陽神アポロンと西風の神ゼピュロスに愛されていた美少年ヒュアキントスから。あるとき、アポロンとヒュアキントスの2人が親しげに円盤投げをしていると、そのようすを見て嫉妬したゼピュロスは強い西風を起こします。強風に飛ばされた円盤はヒュアキントスの額を直撃し、彼は死んでしまいます。そのときヒュアキントスが流した血から紫のヒヤシンスの花が咲いたといわれます。

75

誕生花からの占いメッセージ（4月）

1日

サクラ

チャレンジ精神
旺盛なリーダー

はじめてのことにも臆することなく、旺盛なチャレンジ精神でリーダーシップをとります。自分の心を優先して行動することが吉。

2日

アネモネ（白）

ひらめきと
行動力の人

行動に移すことがあまりにも早いので、周囲はついていけないことがあります。でもそれは、あなたの直感からくる最大の武器です。

3日

クチベニスイセン

楽しみ方を
知っている人

楽しいことが大好きなあなたは、子どものような無邪気さをもっています。性質が正直で、楽しい人なので、自然と人が集まってきます。

4日

トリテリア

何事にも動じない
マイペース型

時間の流れがゆったりとしているあなたといると、周りの人は心が癒されます。周囲の雑音など耳に入らない集中力の持ち主でもあります。

5日

コデマリ

人とのつながりが
大切な世話好き

人と人とのつながりを大切にする世話好きな人です。自由を求める一面もあるので、心を解放して思うがままに進むより幸せになれます。

6日

シナワスレナグサ

固定観念がない
まっすぐな人

自分で見た真実だけを信じる人です。調和を大事にし、偏見や差別で人や物を見たりしないので、たくさんの人を惹きつけます。

7日

ネモフィラ

自分に厳しい
完璧主義者

とても頑張り屋で、妥協をしません。正義感が強く、弱い立場の人を守りますが、もう少しリラックスしたほうが自分も楽になれるでしょう。

8日

レンゲソウ

向上心のかたまり
のような人

自分が決めたことには一直線に突き進む人です。負け嫌いの面が強く出るときがありますが、無邪気な面が周囲の心を和ませます。

9日	10日	11日	12日

アカシア	ツルニチニチソウ	ヒヤシンス	カタクリ
真面目で ポジティブな人	**正しい行動を 重んじる人**	**純粋さとひたむき な心をもつ人**	**人の役に立つこと が生きがいの人**
何事も前向きに考えられる人です。さらに完璧主義者なので成功を得やすいでしょう。気持ちの切り替えが早く、気分転換も上手です。	何が正しいかを考え、自分で行動していく人です。態度や言葉は丁寧なので、周囲が不快に思うことはありません。だれにても優しい人です。	純粋でひたむきな心で周囲に影響を与えます。生きていくにはあまりにも純粋すぎるところもありますが、そこに惹かれる人も多いでしょう。	頭の回転が早く、人の話をとっさに理解するので、問題事をすぐに解決できます。正義感も強く、常に人の役に立ちたいと思っています。

13日	14日	15日	16日
イチゴ	ハルジオン	ハクサンチドリ	レンゲツツジ
我が道を行く 強運の持ち主	**どんな困難にも 負けない人**	**高い理想をもつ 多才な人**	**感受性が豊かで 社交的な人**
困難に立ち向かう力が素晴らしいです。目標を達成するためには、がむしゃらに頑張ります。人も妬むような強運の持ち主でもあります。	何事も頑張り抜く人です。協調性と、思いやりのある人なので、周囲からも信頼されます。一生懸命な姿とリーダー性があなたを輝かせます。	豊かな感情と高い能力をもっている人です。変化を恐れず自分の目標へと進んでいけますが、多才すぎて移り気なところもあります。	穏やかで、周囲を和ませるムードをもっています。好きなことには一直線な情熱をもっているので、自分の気持ちを優先することがカギです。

4月

77

17日	18日	19日	20日

ユスラウメ

**周りに流されない
意志の強い人**

自分の判断力を信じて行動できる人です。冷静で愛情豊かなところが慕われます。カリスマ性もありますが、頑固な面が出ないように注意。

**オステオ
スペルマム**

**目標に向かって
努力する人**

物静かに見られますが、信念を心に秘めている人です。決めたことはやり遂げる力があり、そんなところがあなたを成功に導くでしょう。

アマランサス

**熱い情熱を
胸に秘めた人**

人と接することが好きな人で、人懐っこい性格は周囲から愛されます。努力は人に見せず、コツコツと進めて目標を達成させます。

デモルフォセカ

**思いやりがある
完璧主義者**

感情豊かで癒しを与えられる人です。自分の思い描く姿になりたいと努力しますが、本来のあなたの魅力が隠れないようにしましょう。

21日	22日	23日	24日

ワスレナグサ

**心が強く、優れた
能力をもつ人**

社交的で頭の回転が早く、統率力があります。新しいことも、よく考えて行動するので、周囲から頼りにされることが多いでしょう。

ホシクジャク

**いつも人の中心
にいる人**

天性のリーダー性をもっています。周りに困っている人がいれば助けようとする愛情深さもあるので、人が集まってくるのは当然でしょう。

ボタン

**たくさんの人から
愛を与えられる人**

朗らかな性格と責任感の強さが、周りの人々を惹きつけます。人とのつながりを大切にすることが、成功するための大事なカギです。

シャガ

**気配り上手な
平和主義者**

能力がありながらも、それをひけらかさないあなたは、謙虚で美しい人です。ときに冷淡に見られますが、気にする必要はありません。

25日	26日	27日	28日

アミガサユリ

**自分の世界観を
もっている人**

自分の感情を表に出すことなく、冷静に行動できる人です。ひとりでコツコツやることが好きな芸術家タイプで、センスもあります。

アジュガ

**仲間意識が強い
社交家**

ユーモアがあって社交的なムードメーカー的存在です。言葉で自分の考えを伝えることで、あなたの知的な面が輝きを増し、信頼を得ます。

カルミア

**カリスマ性のある
優等生**

頭の回転が早いので、小さなころから人の手本にされるような人です。もう少し肩の力を抜くと、あなたの隠れた魅力がより発揮されます。

ローズマリー

**変化を求める
情熱的な人**

1つのことに執着することなく、いろいろなことを見てみたい人です。飽きっぽいというわけではなく、純粋な探究心からくるものです。

4月

29日	30日

ミヤコグサ

**妥協せずに理想を
追求する人**

聡明で控えめな性格です。物事をじっくり考えて進めていきます。どんな困難なことでもあきらめたりしないで、成功するでしょう。

ハナダイコン

**独特な雰囲気を
もった人**

真面目で実直な人。情熱的で目標に一直線なので、周りが見えないときもありますが、それがあなたの不思議な神秘性を高めてもいます。

Rose

バ　ラ

和名の「薔薇（バラ）」は、トゲのある低木の総称である「いばら」が転訛したものといわれています。愛を象徴する花として、世界中で広く愛されています。

Language of Flowers

「愛」「美」

バラの花言葉はズバリ、「愛」と「美」です。恋人に贈る花の定番ですが、バラは色によってたくさんの花言葉があるので、それぞれの色に想いを込めて贈るのもよいでしょう。

贈る本数にも想いを込めてみては？

バラの花言葉は贈る本数によっても意味が変わってきます。

- 1本「ひと目ぼれ」「あなたしかいない」
- 2本「この世界は2人だけ」
- 3本「愛しています」「告白」
- 4本「死ぬまで気持ちは変わりません」
- 5本「あなたに出会えた喜び」
- 6本「あなたに夢中」
- 7本「ひそかな愛」
- 8本「あなたの思いやりに感謝します」
- 9本「いつもあなたを想っています」
- 10本「あなたは完璧」
- 24本「1日中思っています」
- 50本「恒久」
- 99本「永遠の愛、ずっと好きだった」
- 100本「100％の愛」
- 101本「これ以上ないほど愛しています」
- 108本「結婚してください」
- 365本「あなたが毎日恋しい」

● 赤：「愛情」「美」「情熱」「熱烈な恋」

　白：「深い尊敬」「純潔」「清純」

　黄：「友情」「平和」「愛の告白」

● ピンク：「上品」「可愛い人」「愛の誓い」

● オレンジ：「無邪気」「魅惑」「絆」「信頼」

● 紫：「誇り」「気品」「あなたを崇拝します」

● 黒：「決して滅びることのない永遠の愛」

5月

Data of Flowers

科・属名：バラ科・バラ属
原産地：北半球に広く分布
学　名：*Rosa*
和　名：薔薇（バラ）
開花時期：4〜5月、10〜11月

Lily of the valley

スズラン

春の訪れを知らせる可愛らしい花。フランスでは、5月1日は愛する人にこの花を贈る「スズランの日」とされています。

Language of Flowers

「純粋」
「純潔」
「再び幸せが訪れる」

スズランは、ヨーロッパでは古くから聖母マリアの花とされています。花言葉もそれにちなんで「純粋」「純潔」となりました。
「再び幸せが訪れる」は、スズランが寒い北国の人々にとって、春の訪れを知らせる喜びの花とされていることに由来する花言葉です。

Data of Flowers

科・属名	：キジカクシ科・スズラン属
原産地	：ヨーロッパ、アジア
学名	：*Convallaria majalis*
和名	：鈴蘭（スズラン）
開花時期	：4～5月

Carnation

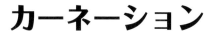

カーネーション

アメリカの南北戦争の最中、アン・ジャービスという女性が「母の仕事の日」と称して、南北の敵味方を問わず負傷兵の衛生状態を改善するための活動を行いました。彼女の娘がのちに、亡き母をしのんで教会で記念会を開催し、母が愛したカーネーションの花を配りました。これが「母の日」の起源とされています。

5月

Language of Flowers

「無垢で深い愛」

母の日を象徴する花で、花言葉も母への愛を表すものとなっています。

● 赤：「母への愛」

白：「純粋な愛」

● ピンク：「美しいしぐさ」

Data of Flowers

科・属名	：ナデシコ科・ナデシコ属
原産地	：南ヨーロッパ、西アジア
学　名	：*Dianthus caryophyllus*
和　名	：麝香撫子（ジャコウナデシコ）
開花時期	：2〜5月、10〜11月

83

Gypsophila
カスミソウ

細かく分かれた枝先に無数に小さな白い花がつくようすが、春霞がかかったようだということでカスミソウと名づけられました。英名にはBaby's breath「赤ちゃん（または愛しい人）の吐息」という可愛らしい名前もあります。

Language of Flowers

「清らかな心」「無邪気」
「感謝」

「清らかな心」「無邪気」は、まっ白な花の純粋なイメージから。
「感謝」は、カスミソウが花束に添える花として欠かせないことから、お礼の気持ちを託す花として扱われるようになったことからつけられました。

Data of Flowers

科・属名	ナデシコ科・カスミソウ属
原産地	ヨーロッパ、アジア
学名	*Gypsophila*
和名	霞草（カスミソウ）
開花時期	5〜7月

デルフィニウム

つぼみの形がイルカに
似ていることから、花
の名前はギリシャ語の
delphis「イルカ」が語
源となっています。

5月

「清明」
「あなたは幸福をふりまく」

「清明」は、青色の花の清々しい印象から。
「あなたは幸福をふりまく」は、この花が花嫁
を幸せにするサムシングブルーとして用いら
れることが多いことに由来します。

Data of Flowers

科・属名	：キンポウゲ科・ 　デルフィニウム属
原産地	：ヨーロッパ、アジア、 　北アメリカ、熱帯アフリカ
学名	：*Delphinium*
和名	：千鳥草（チドリソウ）
開花時期	：5〜6月

Azalea

ツツジ

和名の「躑躅」は「てきちょく」と読み、「行っては止まる」という意味があります。
ツツジは、人々の足を止めさせるほど美しい花であるということから、この名前が
つけられたそうです。

Language of Flowers

「節度」「慎み」

これらの花言葉は、ツツジが植えられた場
所のどんな風景にもしっくりなじんで咲く
ようすからつけられたといわれています。

● 赤：「恋の喜び」

○ 白：「初恋」

Data of Flowers

科・属名	ツツジ科・ツツジ属
原 産 地	東アジア
学 名	*Rhododendron*
和 名	躑躅（ツツジ）
開花時期	4～5月

Japanese wisteria

フジ

5月

万葉集にも多く詠まれているフジの花。旺盛な生命力と豊かな芳香で、いにしえの時代から高貴な色として愛されてきました。

Language of Flowers

「優しさ」「歓迎」「恋に酔う」

フジの花姿は古くから美しくしとやかな女性にたとえられてきました。

「優しさ」「歓迎」も、頭を下げ人々を温かく迎え入れてくれるようなその花姿からきているといわれます。

「恋に酔う」は、フジの花が重なり合って咲くようすを愛が深まっていくさまになぞらえたものです。

Data of Flowers

科・属名	：マメ科・フジ属
原産地	：日本
学名	：*Wisteria floribunda*
和名	：藤（フジ）
開花時期	：4〜5月

Lilac

ライラック

甘い香りと華やかな花が美しいライラック。花びらは通常4枚ですが、5枚ある花を見つけると幸せになれるという言い伝えがあります。

Language of Flowers

「思い出」「友情」
「恋の芽生え」

ライラックの小さな花が集まって咲くようすから、青年たちが青春を謳歌しているイメージが生まれ、「思い出」「友情」などの花言葉がつけられました。「恋の芽生え」はライラックの葉がハート形をしていることに由来するともいわれます。

Data of Flowers

科・属名	モクセイ科・ハシドイ属
原産地	ヨーロッパ東南部
学名	Syringa vulgaris
和名	紫丁香花（ムラサキハシドイ）
開花時期	4〜5月

シャクナゲ

「高嶺の花」といえば、シャクナゲを指すといわれています。高山の岩場に咲く美しく豪華な花は、なかなか手の届かない存在だったのです。

Language of Flowers

「威厳」
「荘厳」
「危険」

元々は、採りに行くのが危険な高山地帯に咲く花だったため、近寄りがたい印象のこれらの花言葉がつけられたとされます。

5月

Data of Flowers

科・属名：ツツジ科・ツツジ属
原産地：ヒマラヤ、中国、北米
学　名：*Rhododendron*
和　名：石楠花（シャクナゲ）
開花時期：5〜6月

アイリス

iris は、ギリシャ語で「虹」を意味し、虹のようにさまざまな色の美しい花を咲かせることに由来するといわれます。

Data of Flowers

科・属名	：アヤメ科・アヤメ属
原 産 地	：日本、朝鮮半島〜東シベリア
学 名	：*Iris ensata*
和 名	：西洋菖蒲（セイヨウショウブ）
開花時期	：5〜7月

Language of Flowers

「うれしい知らせ」
「優しい心」

花言葉は、ギリシャ神話（下記）にちなんだものです。

虹の女神にふりかけた神酒から生まれたアイリス

ギリシャ神話でアイリスの花は、神々の王ゼウスの妻ヘラに可愛がられていた美しい侍女イリスの物語にちなむものとされています。イリスは、浮気者のゼウスに幾度となく求愛され困ってしまい、どこか遠くへ行かせてほしいと女主人であるヘラに懇願しました。

ヘラはイリスの誠実な態度に感動し願いを聞き入れ、七色に輝く首飾りを彼女の首にかけて、さらに神の酒を3滴頭にふりかけました。するとイリスは虹の女神へと姿を変え、ふりかけた酒のしずくは地上に落ちて、アイリスの花になったといいます。虹の女神になったイリスは、虹の橋を渡って地上と天上を結ぶ使者の役目をつとめました。花言葉の「うれしい知らせ」は、虹を渡って届けられる便りにちなむものです。

エビネ

以前は数多くのエビネが日本に自生していましたが、その数は減少しており、現在は準絶滅危惧種として保護されています。エビネの名は、根のようすがエビの頭を指でつまんで持ち上げたように見えるところからつきました。

5月

Language of Flowers

「謙虚な恋」
「謙虚」

華やかな花を咲かせるラン科の植物のなかで、エビネだけは控えめで落ち着いた色合いの花を咲かせることからつけられた花言葉といわれています。

Data of Flowers

科・属名	：ラン科・エビネ属
原産地	：日本、朝鮮半島
学名	：*Calanthe discolor*
和名	：海老根（エビネ）
開花時期	：4〜5月

Ageratum
アゲラタム

淡く涼やかなブルーの花色と、ふんわりソフトな質感が魅力のアゲラタム。丈夫で花期も長く、花壇やコンテナでよく使われるポピュラーな花です。和名の「オオカッコウアザミ」は、葉がシソ科のカッコウに、花がアザミに似ていることからつけられたといわれます。

Language of Flowers

「信頼」「安楽」 「永久の美」

ギリシャ語でいう ageratos には、「古くならない」などという意味があるため、同じような意味の花言葉がつけられたといわれています。開花時期が長い、ということにも由来します。

Data of Flowers

科・属名	：キク科・アゲラタム属
原産地	：中南米
学名	：*geratum houstonianum*
和名	：大霍香薊
	（オオカッコウアザミ）
開花時期	：5〜11月

チョウジソウ

淡いブルーの星型の花を初夏に開花させる山野草。名前の由来には、花を横から見ると「丁」の字に見えることからという説と、花の形が香辛料の「丁子」に似ていることからという説があります。

5月

Language of Flowers

「上品な優雅さ」
「威厳」

「上品な美しさ」は爽やかで気品のある花の美しさから、「威厳」は高貴な色である紫の花の色からつけられています。

Data of Flowers

科・属名	キョウチクトウ科・チョウジソウ属
原産地	東アジア、北アメリカ
学名	*Amsonia elliptica*
和名	丁子草（チョウジソウ）
開花時期	4〜5月

Baby blue eyes
ネモフィラ

ネモフィラは、群生すると青い小花であたりが埋め尽くされ、まるで真っ青な絨毯のようになります。花の中心が白いようすから、英語ではBaby blue eyes「赤ちゃんの青い瞳」と呼ばれます。

Language of Flowers

「可憐」
「どこでも成功」

「可憐」という花言葉は小花の可愛らしい花のようすから。
「どこでも成功」は、原種が森の周辺の明るいひだまりに群生するイメージからきているようです。

Data of Flowers

科・属名	：ムラサキ科・ネモフィラ属
原産地	：北アメリカ
学名	：*Nemophila menziesii*
和名	：瑠璃唐草（ルリカラクサ）
開花時期	：3〜5月

Marigold
マリーゴールド

花名のマリーゴールドは、年に何度もある聖母マリアの祭日に花期の長いマリーゴールドがいつも咲いていたことから「聖母マリアの黄金の花」という意味で名づけられたといわれます。

5月

Language of Flowers

「予言」「健康」

裏「嫉妬」

裏「絶望」

裏「悲しみ」

Data of Flowers

科・属名	キク科・コウオウソウ属
原産地	中央アメリカ、メキシコ
学名	*Tagetes*
和名	千寿菊（センジュギク）
開花時期	4〜11月

キリスト教では、黄色は裏切りの色であるとされていることから、黄色系の花には不吉をほのめかす花言葉が多く、同様にマリーゴールドにもそのような花言葉がつけられています。

95

誕生花からの占いメッセージ（5月）

1日

スズラン

**物事を冷静に
判断する人**

固定観念がなく行動力があるので、目標を達成しやすい人です。
成功へのカギは、周囲の人への気配りを忘れないことです。

2日

シバザクラ

**無邪気で
愛情深い人**

チャレンジ精神があり、臆することなく困難に立ち向かっていきます。率直でピュアなあなたに、周りの人は癒されることでしょう。

3日

タンポポ

**強い信念をもつ
孤高の人**

芯が強く、筋が一本通っています。一匹狼的な面もあるので、周囲に寂しさを感じさせるときもありますが、尊敬や憧れの的となる人です。

4日

ツツジ

**粘り強く
己の道を貫く人**

持ち前の底力と持続力、加えて責任感の強さは素晴らしい。やりたいことを見つけ、突き詰める研究や芸術などで力を発揮できます。

5日

アヤメ

**情熱的で
自由を愛する人**

何事も器用にこなすことができ、頭の回転も早いあなた。自由を愛し、常に自分が成長していくことに人生の幸せを感じる人です。

6日

ユズ

**優しい気質の
才能あふれる人**

いつも笑顔を絶やさない、愛情深い人です。それは周りに温もりを与えます。多才な人なので、自分を表現できれば成功が見えてきます。

7日

ナスタチウム

**こだわりの強い
個性的な人**

個性的でこだわりが強く、自分をしっかりもっています。人の意見を聞かないところに注意すれば、好きな道で成功することができます。

8日

ヤエザクラ

**社交的でエネル
ギッシュな人**

気さくで親しみやすい性格で、人情深いので、人から慕われます。目標を掲げて進んでいく姿はとてもパワフルで周囲に勇気を与えます。

それぞれの誕生日を司る花々からのメッセージを受け取ってくださいね
＊誕生花は、花の開花時期とは関係ありません

9日

ハナミズキ

**正直者で
努力を怠らない人**

思ったことをストレートに表現する正直な人です。精神力の強さと奉仕の心は周囲も認めています。常に努力する姿も人を惹きつけます。

10日

モクレン

**明るく楽しい
夢追い人**

いろいろなことに興味をもち、自分の才能を見つけ出すことができる人です。ときには自分に厳しくすることが、成功をつかむカギです。

11日

チューリップ
（白）

**冷静で器用な
完璧な人**

静かに淡々と物事を慎重に進めることができます。器用なので何事もこなしてしまうでしょう。自信をもつことがチャンスへと広がります。

12日

ジキタリス

**好奇心旺盛で
一途な人**

好きなものに対しては、周りが見えなくなるほど夢中になってしまいます。自分の感情に正直すぎるので、うまくコントロールしましょう。

13日

カリフォルニア
ポピー

**義理堅く
おおらかな人**

大義名分を大切にするため、どこか自由になりきれないところがありますが、自分を認め、心のままに生きることが幸せにつながります。

14日

イキシア

**行動力のある
チャレンジャー**

新しい分野にひるむことなく挑戦していく人。その行動力はだれも真似できません。美的センスもあるので、周囲から憧れられる存在です。

15日

カーネーション
（ピンク）

**平等で親切な
博愛主義者**

面倒見がよく、常に人や社会の役に立ちたいと思っている人です。周囲が気づくのはゆっくりですが、必ずあなたの魅力は伝わります。

16日

モッコウバラ

**誠実で社交性の
ある人**

ユーモアある会話でいつも人気者。人見知りをせず周囲とすぐに打ち解けますが、真面目な性格が近寄りがたい印象を与えることもあります。

17日	18日	19日	20日

チューリップ（黄）

独立心が強く意志を貫く人

何事も器用にこなしてしまうので、周囲に厳しい面を見せてしまうこともあります。余裕をもって人と接するとさらに人望を得られます。

ベロペロネ

自由な発想の天才肌

どんな困難でも挑戦して乗り越えてしまう人です。発想も奇抜で、何かを成し遂げてしまう、周りにとってはとても影響力のある人です。

ブライダルベール

優れた指導力をもった人

自分の発言が周囲に多大な影響を与えていることに気づいていないあなた。野心家で、仕事運も強く、カリスマ性で人を惹きつけます。

オキザリス

純粋な心で周囲を癒す人

あなたがいるだけで周りがほっとできるような不思議な空気をもつ人です。知性的でもあるので、あなたの活躍の場所は少なくないでしょう。

21日	22日	23日	24日

ルリジザ

知識欲がありセンスの塊

勉強することがとても好きで、いろいろなことを学びたいと常に思っています。流行にも敏感で、人生を楽しむことができる人です。

ミツバツツジ

恐れない心で自ら挑戦できる人

野心家で、自分で夢や目標を見つけることができる人です。集中力もあり、その道を極めることができる辛抱強さももっています。

ジャーマンアイリス

人を惹きつける雰囲気をもった人

簡単に人の心をとりこにする人です。誠実で器用に物事を難なくこなしてしまうので、周りからの信頼を得るのがとても早いです。

フジ

鋭い感受性と直感力がある人

感受性が豊かで物事の核心を突くので、周囲から頼られます。直感力もあり、自分で道を切り拓いて、己を表現し続けてしょう。

25日	26日	27日	28日

ニゲラ

**強い信念で
成し遂げる人**

器用で、何事にも手を抜くことをしない完璧主義者です。多少強引な一面もありますが、その強い信念は、成功への道を切り拓きます。

ビバーナム

**才能に恵まれた
個性的な人**

率直ではっきりと物を言う人です。それは周囲には魅力的に映ります。謙虚さをもつことができれば、そのよさがさらに際立つでしょう。

エリゲロン

**探究心の強い
職人気質な人**

自分の好きなことはどこまでも追求する職人気質な人です。妥協することなく、責任感も強いことから、自らの力で成功を手に入れます。

ヤマブキ

**憧れの視線を
浴びる人**

センスがよく洗練された印象を与える人です。社交的で、周囲への細やかな気配りと思いやりがあるので、多くの人から慕われています。

29日	30日	31日

ノバラ

**好きなことで
花開く人**

才能がありながら本気になれずにいることが多いのですが、何か好きなことを見つけて心に火がつけば、隠された才能が花開くでしょう。

オリエンタル
ポピー

**流行に敏感な
洗練された人**

だれからも愛される生まれついての社交家。ユーモアがあり、いつも楽しいことを見つけ、周囲に共有する人柄から自然と人が集まります。

キショウブ

**正義感が強く
信頼される人**

裏表のない性格は、周囲からの厚い信頼を得ています。冷静さと情熱をあわせもつので、不平等なことには特に反応する熱い人です。

シャクヤク

華やかな大輪の花を咲かせるシャクヤクとボタンはよく似ていますが、違いが一番わかりやすいのが葉の形。シャクヤクの葉は、細かいギザギザがなく、ツヤを帯びて全体的に丸みがありますが、ボタンの葉は、葉先がギザギザしておりツヤがありません。

立てば芍薬、座れば牡丹、歩く姿は百合の花

　これは、美しい女性の立ち居振る舞いをたとえたことわざですが、シャクヤクはすらりとした茎の先に花を咲かせることから女性の立ち姿、ボタンは枝分かれした横向きの枝に花を咲かせることから女性の座った姿、ユリは風に揺れる姿が美しいことから女性が歩く姿を表しているといわれています。

　シャクヤクやボタンは、昔から生薬として服用すれば，女性ホルモンの分泌を整え，肌も美しく艶やかになるといわれてきました。その美しさを女性にたとえられてきた花ですが、女性の内側からの美しさにも貢献してきた花ともいえます。

6月

Language of Flowers

「慎ましさ」「恥じらい」

夜には花びらが閉じる性質からこれらの花言葉がつけられました。
「恥じらい」は、はにかみ屋の妖精がシャクヤクの花びらに隠れたときに、花びらが同じように赤く染まってしまったというイギリスの伝承に由来しています。

● 赤：「誠実」

　　白：「幸せな結婚」

● ピンク：「はにかみ」

Data of Flowers

科・属名：ボタン科・ボタン属
原産地：アジア北東部
学　名：*Paeonia lactiflora*
和　名：芍薬（シャクヤク）
開花時期：5～6月

101

Nigella
ニゲラ

紫紅色の花弁のように見える部分はガク片で、苞と呼ばれる糸状の葉が花を包む
ように覆っています。種子は黒いことから和名では黒種草（クロタネソウ）と呼ば
れますが、この種子には独特の香りがあり、スパイスとしても使われます。

Language of Flowers

「当惑」
「ひそやかな喜び」

花が苞に包まれた姿から、Love in a mist「霧
の中の恋」という別名もあり、花言葉はこれに
由来します。

Data of Flowers

科・属名	：キンポウゲ科・クロタネソウ属
原産地	：南ヨーロッパ、中東
学名	：*Nigella damascena*
和名	：黒種草（クロタネソウ）
開花時期	：4〜7月

Sweet scabious
スカビオサ

学名のScabiosa は疥癬を意味しますが、スカビオサのある種には皮膚病に対して薬効があったからとされています。

6月

Language of Flowers

「風情」

「風情」は風に揺れる花の美しいようすから。紫色のスカビオサには「不幸な恋」「喪失」などの花言葉もあります。西洋では紫色に悲しいイメージがあるらしく、美しい花にもネガティブな花言葉が多くつけられています。

Data of Flowers

科・属名	スイカズラ科・マツムシソウ属
原産地	ヨーロッパ
学名	*Scabiosa atropurpurea*
和名	西洋松虫草（セイヨウマツムシソウ）
開花時期	5〜10月

103

Hydrangea
アジサイ

和名の紫陽花（アジサイ）は、集真藍（アズサアイ）という言葉からきていて「青色が集まる」という意味をもっています。アジサイの花の色には土の酸度が関係しており、一般的には酸性だと青く、アルカリ性だと赤くなるとされています。

アジサイの学名に込められたせつない想い

　アジサイは、元々は日本原産のガクアジサイが、西洋で品種改良されて、日本に逆輸入されたものです。

　江戸時代、鎖国中に長崎に滞在していたオランダ人医師シーボルトは、帰国後再渡航禁止処分となりましたが、このとき持ち帰ったガクアジサイの花に、日本に残してきた恋人 “お滝さん” の姿を重ねて、Hydrangea Otaksa という学名をつけました。お滝さんは彼の帰りを生涯待ち続けたといわれ、青いアジサイの花言葉「辛抱強い愛」は彼女のせつない想いを表すとする説もあります。

Language of Flowers

「和気あいあい」「家族」「団欒」

小さな花が集まってにぎやかに咲くようすから、これらの花言葉がつけられました。
さまざまな色があることや、咲いている間に色が変わることから「移り気」という花言葉
もあります。

6月

● 紫：「神秘」
● 青：「辛抱強い愛」
　白：「寛容」
● ピンク：「強い愛情」
　　　　　「元気な女性」
　緑：「ひたむきな愛」

Data of Flowers

科・属名	：アジサイ科・アジサイ属
原産地	：日本
学名	：*Hydrangea macrophylla*
和名	：紫陽花（アジサイ）
開花時期	：5〜7月

Gardenia
クチナシ

花の名は、実が熟しても口を開かないことから名づけられました。秋につける実は黄色の着色料として使われるほか、山梔子（サンシシ）と呼ばれる生薬としても利用されてきました。

Language of Flowers

「喜びを運ぶ」
「私は幸せです」

「喜びを運ぶ」はその甘い香りが初夏の風に運ばれるようすから。
「私は幸せです」はアメリカでは女性をダンスに誘うときにクチナシの花を贈る習慣から、誘われた女性の気持ちを表しているといわれます。

Data of Flowers

科・属名	：アカネ科・クチナシ属
原産地	：日本、台湾、インドシナ
学名	：Gardenia jasminoides
和名	：梔子（クチナシ）
開花時期	：6〜7月

German iris

ジャーマンアイリス

アイリスは200種類以上あるといわれていますが、特にジャーマンアイリスは独特のカラフルな色合いが魅力。おもにドイツで品種改良が行われたことからこの名前がついています。

6月

Language of Flowers

「素晴らしい結婚」

カラフルな花びらが、フリルが波打つ花嫁の優美なドレスのように見えることからつけられたとされています。

Data of Flowers

科・属名	アヤメ科・アヤメ属
原産地	ヨーロッパ
学名	Iris germanica hybrid
和名	独逸菖蒲（ドイツアヤメ）
開花時期	5〜6月

Hyacinth orchid
シラン

日本では古くから親しまれてきた自生蘭。鮮やかな紫色をしていることから紫の
蘭と呼ばれていますが、白やピンクの花を咲かせるものもあります。

Language of Flowers

「変わらぬ愛」「楽しい語らい」

「変わらぬ愛」は、シランの繊細な花姿が、恋人
への一途な思いを感じさせることからつけられま
した。
「楽しい語らい」は、次々と咲いていく花のよう
すや、小さな花が風に揺れておしゃべりしている
ように見えることからイメージされたものです。

Data of Flowers

科・属名	：ラン科・シラン属
原 産 地	：日本、中国、台湾
学 名	：*Bletilla striata*
和 名	：紫蘭（シラン）
開花時期	：5〜6月

クジャクサボテン

つやのある花びらが重なった姿が孔雀の羽のように美しいことからこの名前がつけられました。同じ種類の「月下美人 (ゲッカビジン)」は一晩しか咲きませんが、クジャクサボテンは昼間に2〜3日花を咲かせます。

6月

「はかない恋」
「あでやかな美人」

「はかない恋」はクジャクサボテンの花の
命が短いことから。
「あでやかな美人」はその花の美しさから
つけられた花言葉です。

Data of Flowers

科・属名	サボテン科・ クジャクサボテン属
原産地	メキシコ南部〜アルゼンチン
学名	*Epiphyllum*
和名	孔雀仙人掌 (クジャクサボテン)
開花時期	5〜6月

「美しい精神」
「旅人の喜び」

「美しい精神」は毎年咲き続ける
クレマチスの内にある美しさを讃
えてつけられたもの。
「旅人の喜び」はヨーロッパでは、
旅人をもてなすために宿の玄関に
クレマチスを植える風習があった
ことが由来しています。

Clematis
クレマチス

ギリシャ語で「蔓」を意味する
klema がラテン語の「蔓性植物」を
表すclematis に変化したといわれ
ています。
鉄線（テッセン）と呼ばれることも
ありますが、これは正確には中国
に自生している原種の1つを指し
ます。

6月

Data of Flowers

科・属名	キンポウゲ科・クレマチス属
原産地	日本、中国、ヨーロッパ
学　名	*Clematis*
和　名	仙人草（センニンソウ）
開花時期	4〜10月

111

Opium poppy
ケ　シ

ポピーという呼び方をされることもありますが、これはラテン語のpapa「粥」が語源とされています。昔は幼児を眠らせるために、催眠作用のあるケシ属の乳汁を加えたお粥を食べさせていたことからきています。

Language of Flowers
「恋の予感」
「慰め」「眠り」

「恋の予感」は春風にフワフワと揺れるように咲いているようすを恋する気持ちに重ねたことから。
「慰め」「眠り」は、古くから麻酔薬や睡眠導入剤として使われていることに由来します。

Data of Flowers

科・属名	：ケシ科・ケシ属
原産地	：ヨーロッパ
学名	：*Papaver rhoeas*
和名	：芥子（ケシ）
開花時期	：4～6月

ウチョウラン

その名のとおり「蝶の羽のような蘭」です。崖などに生えていることが多く、
崖に蝶がとまっているように見えることから名づけられたともいわれます。

6月

Language of Flowers

「静かな愛情」

岩場や崖の急斜
面などで、静か
にひっそりと咲
く姿を表した花
言葉がつけられ
ています。

Data of Flowers

科・属名：ラン科・ウチョウラン属
原産地：日本
学名：*Ponerorchis graminifolia*
和名：羽蝶蘭（ウチョウラン）
開花時期：6〜7月

113

Lavender
ラベンダー

古代ローマ時代から薬草として親しまれてきた「ハーブの女王」。
古代ローマ人も入浴の際にはラベンダーを湯に入れて楽しんでい
たそうです。

Data of Flowers

科・属名：シソ科・ラベンダー属
原産地：地中海沿岸
学　名：*Lavandula angustifolia*
和　名：薫衣草（クンイソウ）
開花時期：5〜7月

Language of Flowers

「沈黙」「疑惑」

「沈黙」はラベンダーのもつ精神安定効
果を、「疑惑」は不思議なほどの芳香を
放つことを表しています。

Columbine
オダマキ

花の形が麻糸を巻くために使った苧環（おだまき）という道具に似ていることからこの和名がつきました。同様に糸巻きに似ているということから糸繰草（イトクリソウ）と呼ばれることもあります。

Language of Flowers

「勝利への決意」
裏「愚か」
裏「心配して震えている」

英名の Columbine はヨーロッパの道化芝居に登場する娘の名前でもあり、劇中でその娘が持つ杯と花姿が似ていることに由来するともいわれます。「愚か」の花言葉はこの道化役からきています。
「心配して震えている」は、ヨーロッパではこの花が、捨てられた恋人のシンボルになっていることに由来するといわれます。

6月

Data of Flowers

科・属名	：キンポウゲ科・オダマキ属
原産地	：日本、アジア、ヨーロッパ
学名	：*Aquilegia*
和名	：苧環（オダマキ）
開花時期	：5〜6月

誕生花からの占いメッセージ（6月）

1日

オールドローズ

だれからも
愛される人気者

包容力のある温かさをもつあなたは、だれからも愛されます。会話力もあるので周囲に人が集まり、あなたが困ったときは助けてくれます。

2日

オダマキ

美的感覚に優れた
可愛らしい人

愛嬌があるので可愛がられる人です。美的感覚が鋭く、洗練されたセンスは抜群です。知識が豊富なところも、周りは魅力を感じます。

3日

アジサイ

生まれもった
会話上手な人

社交性があり、会話もユーモアがある人気者です。話術で人を説得することがとても上手なので、それをいかした道に進むのもよいでしょう。

4日

アーティチョーク

人付き合いが
天才的にうまい人

周りの空気を読み、的確に状況を判断できる人です。几帳面な部分もあるので、人からの信頼もあり、物事を任せられたりします。

5日

シラン

意志を貫く
魅力的な人

社交的で頭の回転が早い人です。話術もあるので、周りの人は魅了されます。自分というものをしっかりもっていて、意志を貫きます。

6日

アイリス

会話力で
魅了する人

柔和で落ち着いた雰囲気であなたのいる場所の空気を穏やかにします。話上手で聞き上手、センスのある会話で周りを飽きさせない人です。

7日

バラ（黄）

鋭い感覚と行動力
や判断力をもつ人

持ち前の行動力や判断力でチャンスをモノにできる人です。話の最中も頭の中はフル回転で、自分にあった答えを出せる鋭さもあります。

8日

ジャスミン

チャレンジ精神が
豊富な人

困難に直面しても乗り越えられる人です。手を抜くことをしないので、つけいる隙も与えません。新しいことにチャレンジを続ける人。

それぞれの誕生日を司る花々からのメッセージを受け取ってくださいね
*誕生花は、花の開花時期とは関係ありません

9日	10日	11日	12日
アスター	ラナンキュラス	リーガルリリー	ライラック
人一倍強く意志を貫く人	説得力で周囲を率いる人	ピュアで子どものような人	屈託のない純粋な心の人
だれよりも意志が強く、やると決めたら最後までやり抜く人です。自分の理想を追求し、求めていきますが、立ち止まることも必要です。	行動と言葉が一致している人です。その説得力で周囲を引っ張っていきますが、ときには、人の話も聞いてみるとさらに運気はアップします。	子どものような好奇心で行動します。好きなことには一直線で、ほかのことは頭に入らないところもありますが、それがあなたのよさです。	いつまでも純粋な無邪気さをもっています。気配りもできるので、周囲はその心に魅了されます。思わず助けてあげたくなるような人です。

6月

13日	14日	15日	16日
ベニバナ	シモツケ	カーネーション	ベロニカ
人生の困難を乗り越えられる人	芸術的センスのある人	頼りになるリーダー気質	強い精神力の持ち主
真面目でコツコツと物事を進める人です。苦労はしてもその経験がのちに役立ってきます。自分の力で幸せをつかむことができるでしょう。	子どものころから大人びた性質で、生きづらさを感じることもあるかもしれません。感性が鋭く、自分の道を極める運をもっています。	正義感が強く、頼られると頑張ってしまいます。協調性を重んじる性質で、周囲に気を配ることができ、リーダーシップを発揮します。	行動力と判断力でグループの中心となる人です。頑張りすぎるところがあり、疲れてしまうこともあります。自分のペースを大切に。

17日	18日	19日	20日

クローバー

**心の優しい
個性派**

周囲の役に立ちたい奉仕の心にあふれています。シャイな一面のせいで本心が見えにくいところが、神秘的に映る個性的な人です。

サギソウ

**人生楽しいことが
いちばんな人**

さっぱりとした陽気な性格は、周囲を明るくします。忍耐強さには少し欠けますが、あなたのおかげで救われている人は少なくありません。

アガパンサス

**心優しき
楽観主義者**

寛容でだれに対しても同じように接するあなたを嫌う人はいないでしょう。自分のことよりも人のために親身になって、心を尽くす人です。

オトメギキョウ

**強さと優しさを
兼ね備えた人**

どんな環境でもやっていける、たくましさをもっています。その強さが、周りの人のことを考える優しさにつながる、愛情深い人です。

21日	22日	23日	24日

ツキミソウ

**サービス精神
旺盛な人**

明るくてチャーミングなあなたは、周りを楽しくします。裏表がなく、だれにでも変わらない態度は好感がもたれ、大切にされます。

キングサリ

**純真無垢で
正直な心をもつ人**

人当たりがとてもよく、優しさにあふれた人です。元々純粋なので、思う気持ちにウソはなく、一途な面が周りに安心感と信頼を与える。

ミヤコワスレ

**愛をたくさん
受けてきた人**

愛情いっぱい幸せの中で育ったような人。ゆえに欲張ることもなく、周囲の喜びも自分の喜びのように感じることができる心が広い人です。

アストランチア

**寛容で無欲な
崇高な人**

のんびりとした時間が好きな人です。「足るを知る」無欲さで、いまをそのまま受け入れられる度量の大きさをもって生まれた人です。

25日	26日	27日	28日

クラスペディア

**夢を現実に
できる人**

目標に向かって突き進む人です。その達成のためなら、どんな苦労も厭わない強さをもっています。几帳面な性格で、成功しやすいです。

アカツメクサ

**高い知性と
ひらめきの人**

頭の回転がよく、順調に出世していくタイプです。周りを引っ張るリーダー性もあるので、自分の地位を確立して成功をつかみます。

サンダーソニア

**喜怒哀楽が激しい
現実主義者**

地に足がしっかりと着いた人です。喜怒哀楽は激しいほうですが、その元気さが、多少の困難を乗り越える原動力につながっています。

ツルハナナス

**気持ちを隠せない
行動派**

気持ちが顔に現れるタイプです。裏表がないぶん心が素直に出てしまいます。はっきりとした性格で、面倒見のよいリーダータイプです。

29日	30日

ペラルゴニウム

**心の世界を
大切にする人**

感受性が鋭く、いろいろな分野に興味をもっています。精神世界への関心もあり、周囲には不思議な人とか、神秘的な人と映ったりします。

ヘリオトロープ

**親しみやすさが
愛される人**

恥ずかしがり屋て、はじめは人見知りしますが、一度仲よくなると生き生きとパワフルになるところが周囲には可愛らしく映ります。

6月

Morning glory
アサガオ

日本には奈良時代末期に遣唐使によって中国から伝わったとされています。江戸時代にはブームが起こり、愛好家が品種を競った「朝顔番付」も残されています。

Language of Flowers

「明日も爽やかに」
「愛情の絆」

「明日も爽やかに」は、日々新たな花が咲いていくアサガオの性質から。「愛情の絆」は、ツルをしっかりと巻きつけて伸びていくようすからつけられました。

秀吉をうならせた一本のアサガオ

　千利休は、織田信長と豊臣秀吉の2人の天下人に仕えた茶人です。茶道を追求し、千家流の始祖となりましたが、最後は秀吉に切腹を命じられてしまいました。理由はさまざまあるようですが、豪華絢爛を好み「黄金の茶室」を作らせた秀吉と、「侘び茶」を極めようとした利休の感性の違いも大きかったと想像できます。そんな2人の間にはアサガオを巡る逸話が残されています。

　あるとき、利休の屋敷に見事なアサガオがたくさん咲いていると聞いた秀吉が、ぜひ見たいと利休に申し入れました。しかし、利休の元を訪れた秀吉が目にしたのは、花が1本も咲いていない庭でした。「アサガオはどこか？」と尋ねる秀吉を利休は茶室に招き入れます。茶室の床の間には美しいアサガオが一輪だけ飾ってありました。利休は、たくさん咲いていたアサガオの中から最も美しいものだけを残し、ほかはすべて切り取ってしまっていたのでした。

　この話は、その日のうちに人々に伝わり、利休の名を一段と高めました。

7月

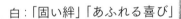

白：「固い絆」「あふれる喜び」

● 青：「はかない恋」

● ピンク：「安らぎ」

● 紫：「冷静」

Data of Flowers

科・属名：ヒルガオ科・
　　　　　サツマイモ属
原 産 地：熱帯アメリカ
学　　名：*Ipomoea nil*
和　　名：朝顔（アサガオ）
開花時期：7～9月

African lily
アガパンサス

ヨーロッパでは、愛や恋を象徴する花として親しまれています。丈夫で種類も多いので、ガーデニング初心者にも育てやすい花です。

Data of Flowers

科・属名	ヒガンバナ科・アガパンサス属
原産地	南アフリカ
学名	*Agapanthus*
和名	紫君子蘭（ムラサキクンシラン）
開花時期	5〜7月

Language of Flowers

「恋の訪れ」「ラブレター」

学名の Agapanthus には「愛の花」という意味があり、花言葉はそこから由来しています。

Calla lily

カラー

花の中心にある黄色い棒状の部分が花で、白く大きな花びらのように見える部分はサトイモ科の植物に見られる仏炎苞と呼ばれるもので、中の花を保護しています。

7月

Language of Flowers
「華麗なる美」
「乙女のしとやかさ」

カラーの名は、ギリシア語の「カロス（美しい）」に由来するといわれます。花言葉は花の美しい姿からイメージされたものです。

Data of Flowers

科・属名	：サトイモ科・オランダカイウ属
原 産 地	：南アフリカ
学　名	：*Zantedeschia aethiopica*
和　名	：和蘭海芋（オランダカイウ）
開花時期	：5〜7月

123

Pomegranate
ザクロ

和名の「柘榴（ザクロ）」は古い果樹を表す言葉で、中国人がザクロス山脈から持ち帰ったことに由来するといわれています。日本にも平安時代から存在していました。

Language of Flowers

「円熟した優雅さ」(花)
「結束」(実)

色鮮やかな花と小さな実が集まるようすからつけられました。

Data of Flowers

科・属名：ミソハギ科・ザクロ属
原産地：西南アジア、北アフリカ
学　名：*Punica granatum*
和　名：柘榴（ザクロ）
開花時期：6〜7月

ザクロと鬼子母神伝説

　鬼子母神は、500人の子どもをもつ女神でしたが、子どもたちを養うために人間の子どもを食べていました。子どもをさらわれた人間の親たちは釈迦に助けを求めたところ、釈迦は鬼子母神の子どもを1人だけ神通力で隠してしまいました。1人の子どもがいなくなっただけで激しく動揺した鬼子母神に、釈迦は「500人の子どもの、たった1人居なくなっただけで、おまえはこのように嘆き悲しんでいる。たった数人しかいない子どもをおまえにさらわれた人間の親の悲しみはどれほどであっただろう」と話し、命の大切さを説きました。鬼子母神は改心し、子どもたちを守る神となりました。

　このとき、釈迦が「子どもを食べる代わりにザクロを食べなさい」と言ったという説があり、ザクロは血の味がするという俗説も生まれました。

デュランタ

鉢花として出回ることが多いですが、沖縄では生垣としてよく利用されています。

7月

「あなたを見守る」
「歓迎」

暑い季節に涼しげな花が垂れ下がって咲くようすは、花を見る人たちを見守り、歓迎しているように見えることからついた花言葉です。

Data of Flowers

科・属名	：クマツヅラ科・デュランタ属
原産地	：南アメリカ
学名	：*Duranta erecta*
和名	：台湾連翹（タイワンレンギョウ）
開花時期	：6 〜 10月

125

ランタナ

気温さえ高ければ、季節を問わずさまざまな色の花を咲かせてくれます。
多種多様な色の花を咲かせて、どんどん変化していくことから「七変化（シ
チヘンゲ）」という和名がつけられました。

Data of Flowers

科・属名	：クマツヅラ科・ 　シチヘンゲ属
原産地	：中南米
学　名	：*Lantana camara*
和　名	：七変化（シチヘンゲ）
開花時期	：5〜10月

Language of Flowers

「心変わり」
「協力」「厳格」

花の色が変化することから「心変わり」という花言葉が生まれ
ました。残念な意味の花言葉ですが、ほかにも「協力」という
意味もありますので、同僚や友人に贈るのもよいでしょう。

Cornflower

ヤグルマギク

　和名は、その形が矢車に似ていることにちなみます。また、英語名のcornflower「小麦の花」は、この花が麦畑に多く咲くことからきています。

Language of Flowers

「繊細」「優美」「教育」

「繊細」「優美」は美しく咲く花の姿から。「教育」は、昔プロイセンの王妃がこの花を摘みながら王子たちを教育したことに由来するといわれます。

王子の1人は、のちに初代ドイツ皇帝ヴィルヘルム1世となり、ヤグルマギクを皇帝の紋章にしました。

Data of Flowers

科・属名：キク科・ヤグルマギク属
原産地：ヨーロッパ
学　名：*Centaurea cyanus*
和　名：矢車菊（ヤグルマギク）
開花時期：4〜7月

Sword lily

グラジオラス

葉の形が剣に似ていることから、ラテン語のgladius「剣」を語源とした名前がつきました。

Language of Flowers

「密会」
「用心」

古代ヨーロッパにおいて、人目を忍ぶ恋人たちが、この花の数で密会の時間を伝え合っていたという言い伝えに由来する花言葉です。

● 赤：「堅固」「用心深い」

● ピンク：「たゆまぬ努力」

● 紫：「情熱的な恋」

Data of Flowers

科・属名	アヤメ科・グラジオラス属
原産地	南アフリカ
学名	*Gladiolus*
和名	唐菖蒲（トウショウブ）
開花時期	6〜10月

Tailflower
アンスリウム

ハート型の葉をもつアンスリウムは、風水では恋愛運に効果があるといわれています。
光沢のある葉も美しく、ハワイではバレンタインデーに贈る花として親しまれています。

7月

Language of Flowers
「恋にもだえる心」

鮮やかなハート形の花が、燃えるような恋心を表しているように見えることにちなみます。

● 赤:「情熱」
● ピンク:「飾らない美しさ」
○ 白:「熱心」

Data of Flowers

科・属名	サトイモ科・アンスリウム属
原産地	熱帯アメリカ
学名	*Anthurium*
和名	大紅団扇(オオベニウチワ)
開花時期	5〜10月

129

センニチコウ

千日紅（センニチコウ）という和名は、百日咲き続けるといわれる百日紅（サルスベリ）よりも、さらに花期が長いとされることに由来します。日本には江戸時代の初期にもたらされました。花とは仏様に供えるものであった当時、花もちのよいセンニチコウは重宝されたそうです。

Language of Flowers

「色あせぬ愛」

長い期間花を咲かせ、ドライフラワーにしても色鮮やかなままであることからついた花言葉です。

Data of Flowers

科・属名	ヒユ科・センニチコウ属
原 産 地	熱帯アメリカ、熱帯アフリカ
学 名	*Gomphrena globosa*
和 名	千日紅（センニチコウ）
開花時期	7〜11月

Impatiens
インパチェンス

花の名前は、ラテン語のimpatiens「耐えられない」から。熟した実に触れたときに、タネが勢いよくはじけて飛ぶようすから名づけられました。一重咲きのほかに華やかな八重咲きも人気があります。

Language of Flowers
「鮮やかな人」「強い個性」
多彩で色鮮やかな花のイメージからつけられた花言葉です。

Data of Flowers

科・属名：	ツリフネソウ科・ツリフネソウ属
原 産 地：	東アフリカ
学 名：	*Impatiens walleriana*
和 名：	アフリカ鳳仙花（アフリカホウセンカ）
開花時期：	5〜11月

サギソウ

左右の花びらが羽を広げた白鷺のように見えることからつけられた名前です。

Language of Flowers

「無垢」「清純」
「夢でもあなたを想う」

「無垢」「清純」は、純白の花の色にちなんだ花言葉です。

「夢でもあなたを想う」は、昔、世田谷城主の側室であった常盤姫（ときわ）が、ほかの側室たちの作り話によって追放されてしまったときに、自身の身の潔白を示すために自害して、遺書を白鷺の足にくくりつけて飛ばしました。しかし、白鷺は途中で力尽きて死んでしまい、多摩川の辺りでこの花になったという伝説が由来しています。常盤姫のせつない想いが込められた花言葉です。

Data of Flowers

科・属名	：ラン科・サギソウ属
原産地	：日本、台湾、朝鮮半島
学名	：*Habenaria radiata*
和名	：鷺草（サギソウ）
開花時期	：7〜9月

スイレン

睡蓮の名前は花が夕方に閉じる（睡る）ことに由来するといわれます。ハスの花と混同されやすいのですが、葉に切れ込みがあるのがスイレン、水面のさらに上に葉を出し切れ込みがないのがハスです。

7月

Language of Flowers

「清純な心」

裏「滅亡」

Data of Flowers

科・属名	スイレン科・スイレン属
原産地	世界各地の熱帯、温帯
学名	*Nymphaea*
和名	睡蓮（スイレン）
開花時期	5〜10月

スイレンの学名は水辺の妖精である「ニンフ」が由来しています。ギリシャ神話でヘラクレスに捨てられて川に身投げした妖精が、この花をとろうとする人を水の中へ引きずり込むといわれたことから、「滅亡」という恐ろしい花言葉がつけられました。

133

1日	2日	3日	4日

フェイジョア	**キンギョソウ**	**ハ　ス**	**カノコユリ**
根っからの　リーダー的存在	**絶大な信頼の　おける人**	**人の中心で光る人**	**夢を叶えるために　突き進む人**
判断力、精神力、感受性などに優れた天性のリーダー気質です。人に入れ込みすぎるところがありますが、大切に思うからこそです。	物腰も柔らかで、人を受け入れることができる寛大で誠実な人です。縁の下の力持ち的に、人のために動く、信頼できる人です。	集団の中で光る、太陽のような人です。ギラギラした光ではなく、周囲を明るく照らす温かい光です。あなたがいなくては何も始まりません。	目標に対して努力を惜しみません。自分の力で成功をつかみ取る人です。一度言い出したら後には退かない頑固さをもっています。

5日	6日	7日	8日

ハマナス	**ハマユウ**	**クチナシ**	**カンパニュラ**
多才でユーモア　あふれる人	**寛大な心で人々を　包み込む人**	**努力に裏付けら　れた自信家**	**優しく人気者の　リーダー**
適応能力が高い人です。常に自分の成長を夢見ているところがあります。人を楽しませることが得意で、ムードメーカー的な存在です。	広い心で周りの幸せを考える精神性の高い人です。人を温かい愛情で包み込みますが、自分にも甘く、物欲に負けてしまうところもあります。	自分に自信をもっている人です。それは、何事にも努力したと確信しているからです。また、なんでも器用にこなしてしまえるのも事実です。	人の痛みを自分のことのように考え、周囲からも頼りにされます。人の意見もしっかりと聞き入れ、先頭に立って物事を進めていきます。

7月

9日	10日	11日	12日
ギボウシ	トルコキキョウ	ルリタマアザミ	トケイソウ
広すぎるくらい心が寛大な人	競争心と強い信念をもつ人	新しいことが知りたい芸術家	慈愛の心に満ちている人
心が広く周りからは好かれます。悩んでいる人の力になりたいと考える、思いやりのある人です。優しさを存分に表現して吉です。	人に負けたくないと頑張る人です。競争心を出しすぎると敵を作るので、その部分を控えめにすれば、目標を達成することができます。	独特なセンスの持ち主で芸術家タイプです。新しいことが好きで、人々に伝えたいと考えています。周囲との付き合いが幸運をもたらします。	だれに対してもオープンな博愛主義者で、コミュニケーション能力が高い人です。判断力がしっかりしているので、人から信頼されます。

13日	14日	15日	16日
ガクアジサイ	ノウゼンカズラ	イソトマ	アマリリス
直感や判断力で運を切り拓く人	信じたことへ一直線に進む人	洗練されたセンスの持ち主	人情と自分の世界観をもつ人
物事を見極める力に優れている人で、直感力もあり、自分の判断で成功をつかみます。能力をいかすためには謙虚さを大切にしてください。	思い込んだら周りが見えなくなってのめり込む人です。合理的な一面もあるので、どうすれば近道できるかと考えて行動します。	流行を敏感に取り入れ、自分のモノにしてしまうのが得意です。なんでもソツなくこなすので頼られてしまいますが、断ることも大切です。	世話好きで、義理を大切にする人です。自分に近しい人にはなおさらです。自分の世界をもっているので、踏み込まれるのは苦手です。

135

17日	**18日**	**19日**	**20日**
ヒルガオ	**バーベナ**	**ムギワラギク**	**ルコウソウ**
前向きで パワフルな人	**仲間が人生の テーマとなる人**	**品格と知性を もっている人**	**真の強さを もった人**
新しいことには人一倍興味があります。はっきりした性格で、悩まず前向きに力強く、自分の人生を楽しみながら進んでいきます。	仲間のためなら労をいとわない頼れる存在です。自分のことより仲間が優先。あなたが困ったときは、周囲もあなたのために尽力します。	高貴な雰囲気と知性で周囲から憧れられる人です。飲み込みが早く、自分に合っているものが何なのかをとっさに判断できます。	どんなにつらいことや悲しいことがあっても、顔には出さずに笑顔を絶やしません。情緒豊かで寂しがりやの一面ももっています。

21日	**22日**	**23日**	**24日**
ネムノキ	**マツヨイグサ**	**フランネルソウ**	**シャクヤク**
善意あふれる 心優しい人	**隠れた情熱を 心にもつ人**	**独特の世界観を もっている人**	**勇敢で公平な人**
自分の意見ははっきりとしていますが、それを抑えて人のために行動する人です。もともと人と関わることが得意で、周囲を楽しませます。	一見クールに見えますが、心の中では情熱が燃えたぎっています。周囲の人はそのギャップに驚くとともに、魅力も感じています。	自由奔放に見えますが、思い悩むときもあります。元々、自分の世界をもっている人なので、周りを気にせず、心のままに行動しましょう。	思いやりがあって勇敢な性格です。慎重に事を進め、積極的に行動に移す人です。公平公正であることがあなたにとってとても大切なのです。

25日	26日	27日	28日

インパチェンス	ナデシコ	ホオズキ	ツユクサ
二面性をもつ才能あふれる人	一歩ずつ進む努力家	強い意志で道を貫く人	周囲の目を引くリーダー
陽気でフランクな面と、波長が合わない人は受け入れない二面性をもっています。自分の理想を貫くにはバランスをとっていくことが大切。	人一倍努力する人です。目標に向かって粘り強く物事に取り組みます。ほかに惑わされないようにするように注意しましょう。	本番に強いタイプです。それは、今まで行ってきた努力と、やり遂げようとする確固たる思いがあるからです。人の意見を聞くことがカギ。	リーダー気質は周囲が認めているところです。いろいろな才能があって華やかな、カリスマ的存在です。謙虚な心を忘れないことが大切です。

29日	30日	31日
サボテン	スカビオサ	ビヨウヤナギ
尊敬されるべき努力の人	ほかにはない個性のかたまり	知識豊富で冷静な人
とても頭の回転が早く、周囲からの期待も大きい人。それは、自分に厳しくしてきたからこその結果で、尊敬されるところでもあります。	感受性が強く、独特の雰囲気があります。個性的で目立つ存在なので人気もあります。周囲への気配りを忘れなければ大成するでしょう。	自分の中に知識の引き出しがとても多い人です。それをひけらかすこともないので、その奥ゆかしさは周囲から絶大な支持を得られます。

137

Sunflower
ヒマワリ

学名の Helianthus は「太陽の花」という意味です。その名のとおり、太陽に向かって咲く元気な夏の花。探検家コロンブスが1492年にアメリカ大陸を発見した後にヨーロッパに持ち込んだ植物です。インカ帝国では太陽神の象徴としてヒマワリを大切にしていたそうです。

Language of Flowers
「憧れ」
「あなただけを見つめる」

太陽を一心に見つめ、太陽の動く方向を追うように花の向きを変えて咲く性質から生まれた花言葉です。ヒマワリが太陽を追って動くのは、生長が盛んな時期だけで、完全に開いた花は東を向いたままで動きません。

贈る本数によっても意味が変わってくるヒマワリ

　ヒマワリは、バラと同じように贈る本数によって意味が変わってきます。花の本数によって、1本＝「ひと目惚れ」、3本＝「愛の告白」、7本＝「ひそやかな愛」、108本＝「結婚しよう」とそれぞれに違う花言葉があります。

8月

Data of Flowers

科・属名：キク科・ヒマワリ属
原 産 地：北アメリカ
学　　名：*Helianthus annuus*
和　　名：向日葵（ヒマワリ）
開花時期：7〜9月

Lily
ユ リ

キリスト教では白いユリ
の花を「マドンナリリー」
と呼び、聖母マリアに捧
げられた花であることか
ら、「純粋」のシンボルと
されています。

ピンクのユリが「虚栄心」という花言葉をもつのはなぜ？

　キリストが磔^{はりつけ}の刑となったとき、多くの花々はがキリストの悲しい運命を
嘆いてうなだれましたが、ユリだけは自分の美しさがキリストの慰めになる
だろうと、堂々と頭を上げていました。

　しかし、キリストにそっと見つめられたときに、ユリは自分の思い上がり
に気づき、花びらをピンク色に染めて首をうなだれてしまったという言い伝
えから「虚栄心」という花言葉がつけられました。

8月

Language of Flowers

「純粋」「無垢」

その美しい花の姿からイメージされた花言葉です。花嫁のもつブーケにもよく使われます。

白：「純潔」「威厳」

オレンジ：「華麗」「愉快」

ピンク：「虚栄心」

黄：「陽気」

Data of Flowers

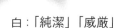

科・属名	：ユリ科・ユリ属
原産地	：北半球の温帯地域
学名	：*Lilium*
和名	：百合（ユリ）
開花時期	：5〜8月

Lotus

ハ　ス

　ハスの花の姿は、仏の智慧や慈悲の象徴とされています。また、よい行いをした者は死後は極楽浄土で、ハスの花の上に身を託して生まれ変わるという思想もあり、「一蓮托生（結果はどうなろうと行動や運命をともにすること）」という言葉の語源になっています。

Language of Flowers

「清らかな心」
「神聖」

泥水の中から伸びて、気高く清らかな花を咲かせることからつけられた花言葉です。

Data of Flowers

科・属名	：ハス科・ハス属
原産地	：インド
学　名	：*Nelumbo nucifera*
和　名	：蓮（ハス）
開花時期	：7〜8月

Crape myrtle

サルスベリ

夏の間、長く咲き続けることから百日紅（サルスベリ）の名がつけられました。樹皮がツルツルしていることから「猿滑」と漢字を当てられることもあります。

Language of Flowers

「雄弁」「愛嬌」

花が枝先に群がって咲くにぎやかなようすからつけられた花言葉です。また、枝を揺らすと花や葉先がこすれ合っておしゃべりをしているように見えるからともいわれています。

Data of Flowers

科・属名	：ミソハギ科・サルスベリ属
原 産 地	：中国
学 名	：*Lagerstroemia indica*
和 名	：百日紅（サルスベリ）
開花時期	：7〜10月

Cypress vine
ルコウソウ

和名の「縷紅草(ルコウソウ)」は、細い糸という意味をもつ「縷」と花の色の「紅」にちなんでつけられました。

細く繊細なレースのような葉と、小さな星形の花が可愛いらしい植物で、日本には江戸時代に渡来しましたが、当時はカンボジア(カボチャに転訛)から来たアサガオのような花ということで「南瓜朝顔(カボチャアサガオ)」と呼ばれていました。

Language of Flowers
「繊細な愛」
「おせっかい」

「繊細な愛」は、花の咲く姿から。「おせっかい」はつるを伸ばして周囲のものに絡みつくようすから生まれた花言葉です。

Data of Flowers

科・属名	ヒルガオ科・ルコウソウ属
原産地	熱帯アメリカ
学名	*Ipomoea quamoclit*
和名	縷紅草(ルコウソウ)
開花時期	7〜10月

Marvel of Peru
オシロイバナ

黒いタネの中にある胚乳が、おしろいに似た白い粉であることから名づけられました。1本の枝から異なった色の花が咲くことから英語では、Marvel of Peru「ペルーの不思議」と呼ばれることもあります

8月

Language of Flowers
「臆病」「内気」

まるで人の目を避けるように夕方から花を咲かせることから、このような花言葉がつけられました。

Data of Flowers

科・属名	オシロイバナ科・オシロイバナ属
原産地	南アメリカ
学名	*Mirabilis jalapa*
和名	白粉花（オシロイバナ）
開花時期	7〜10月

145

ハツユキソウ

白く縁取られた葉っぱが、まるで初雪が積もっているように見えるようすから、名づけられました。初雪という名前とは違って夏に咲く花で、暑い夏の日に涼しさを感じさせてくれます。

Language of Flowers

「好奇心」「祝福」「穏やかな生活」

「好奇心」は葉っぱについた白い模様のようすから、「祝福」は同じ種類のポインセチアの花言葉にちなみます。

Data of Flowers

科・属名	：トウダイグサ科・ユーフォルビア属
原産地	：北アメリカ
学名	：*Euphorbia marginata*
和名	：初雪草（ハツユキソウ）
開花時期	：7～10月

Salvia
サルビア

19世紀初頭にヨーロッパに伝わり改良が進んだ花です。暑さに強く、花期が長いため夏から秋にかけての花壇を鮮やかに彩ってくれます。

8月

Language of Flowers
「尊敬」「知恵」
「よい家族」

サルビアは英語名では「賢者」という意味をもつSageとも呼ばれ、「尊敬」「知恵」などの花言葉がつけられました。「よい家族」は小さな花が固まって仲よく咲くようすから。

Data of Flowers

科・属名	シソ科・サルビア属
原 産 地	北アメリカ、南アメリカ
学　名	*Salvia*
和　名	緋衣草（ヒゴロモソウ）
開花時期	5〜11月

ハマユウ

浜木綿 (ハマユウ) の名は、白い花が木綿を垂らしたように見えることから名づけられました。

Language of Flowers

「どこか遠くへ」
「あなたを信じます」

Data of Flowers

コルクのような皮に覆われた種子が、海流によって広がったと考えられていることからこのような花言葉がつきました。「あなたを信じます」は、寄せる波が種子を遠くの岸辺に運んでくれることを信じているというイメージから。

科・属名	ヒガンバナ科・ハマオモト属
原産地	東南アジア
学名	*Crinum asiaticum*
和名	浜木綿 (ハマユウ)
開花時期	7〜9月

Kamchatka lily
クロユリ

アイヌ民族には、想いを込めたクロユリを好きな人の近くにそっと置き、相手が
その花を手にすれば、いつの日か2人は結ばれるという言い伝えがあります。

Language of Flowers

「恋」
裏 ## 「呪い」「復讐」

Data of Flowers

科・属名	ユリ科・バイモ属
原産地	日本、北アメリカ北西部
学名	*Fritillaria camschatcensis*
和名	蝦夷黒百合 (エゾクロユリ)
開花時期	6〜8月

戦国武将の佐々成政には、サユリという美しい側室がいました。ところが彼女が密通していて、おなかの子どもは自分の子ではないという噂を聞いた成政は烈火の如く怒り、サユリを殺してしまいます。自分を信じてくれなかった成政を恨んだサユリは、「立山にクロユリの花が咲いたら、佐々家は滅亡する」との呪いの言葉を残して死んだといわれ、この話が恐ろしい花言葉となって残っているのです。

149

1日

アサガオ

**広い心の
天性の社交家**

寛容な心をもち、社交性もあるので人間関係で成功する可能性が高いです。周囲の人を大切にすることが、幸運を引き寄せるカギです。

2日

ヤグルマギク

**与えた愛情を
返してもらえる人**

人に愛され、周りからの多くの愛情を得られる人です。あなたが与える真心を周りから返してもらえることで、困難を乗り越えていけます。

3日

ケシ

**好奇心の強さと
飽き性が表裏一体**

いろいろなことをやってみたいと思っていますが、飽き性な面もあります。好奇心旺盛な部分が経験となって、人生の役に立ってきます。

4日

メコノプシス

**常識的で
一本筋が通った人**

真面目で曲がったことが嫌いな常識人。人付き合いは少し苦手ですが、そのぶん仕事に対する情熱は素晴らしく、成功する可能性が高いです。

5日

オシロイバナ

**裏表がなく
正義感あふれる人**

喜怒哀楽が激しく正義感が強い人です。弱い人には優しく手助けをするタイプで、冷静さと情熱をあわせもつところが、周囲を惹きつけます。

6日

トレニア

**逆境や困難に
立ち向かえる人**

ハプニングや、困難さえも受け入れて楽しめる人。火の中に自ら飛び込んでいくような刺激を求める好奇心をもち、自由を愛する人です。

7日

ザクロ

**強い信念で夢を
叶える人**

常に大きな夢をもっている人です。周りからは、理想主義者に見られますが、夢を現実に変えていく強いバイタリティがあります。

8日

アンスリウム

**成功を願い
強い野心をもつ人**

積極的に行動するあなたは周囲にやる気を与えます。困難に屈することなく挑戦する姿が魅力的ですが、支配的になりがちな点は要注意です。

8月

9日

ブーゲンビリア

高みを目指す
情熱の野心家

計算力のある人です。自分にとって利益につながることを判断できます。周囲に利を与えるような考え方なので、強い影響力があります。

10日

アマリネ

見返りを求めない
心をもつ人

観察力があり、考えてから行動に移す、着実に力をつけていく実力派。その力を自分のためではなく、周囲のために注ぐので頼られます。

11日

オトメユリ

自分の心にウソを
つかない正直な人

自由こそが人生のテーマという人です。考え方も自由奔放なので、周囲を驚かせます。どんな人も受け入れる寛容さをもっています。

12日

キョウチクトウ

天性の
愛されキャラ

包み込むような優しさが周囲を癒します。知性と品性があり、愛嬌もあるので多くの人を惹きつけます。美的センスにも優れています。

13日

アカンサス

直感力で
鋭い判断をする人

他人とは違った視点から物事を見る人なので、周囲が混乱している中でも冷静です。誠実さと直感力の持ち主なので、信頼も厚いです。

14日

マロウ

あり余るエネル
ギーの持ち主

自由で壮大な考え方をする人です。行動力もあり、興味があると次々と手をつける傾向があります。唯一のものを見つけると強い人です。

15日

ヒマワリ

頭脳明晰で
純真無垢な人

頭の回転がとても早い人です。人から頼まれるとうれしくなり、必要以上のパワーを出します。周囲とのつながりの中で成長していきます。

16日

ペチュニア

心のままに
行動する人

関心や興味のあることを情熱的に追い求め、周囲の評価などには無頓着です。その姿は人を魅了しますが、移り気な一面ももっています。

17日	18日	19日	20日

タッセルフラワー	タチアオイ	アキノキリンソウ	ヒソップ
行動力ある パワフルな優等生	**一本気な 完璧主義者**	**冷静な判断力 をもつリーダー**	**目立つけれど 傷つきやすい人**
始めたことは最後までやり遂げる、芯のある人です。困難も乗り越える強さと根性がありますが、好きなものにのめり込みすぎないよう注意。	素直でまっすぐに突き進む人。パワフルに生きる姿に周囲は応援したくなりますが、完璧主義で自分にも相手にも厳しいところがあります。	頭の回転が早く、冷静な判断力もある人です。負けず嫌いなところもあり、周囲とぶつかったりもしますが、説得が上手で乗り切ります。	存在そのものが周囲を明るく照らし、癒しを与えます。才能も豊かなので、必然的に目立ってしまい、羨望の眼差しで見られることも。

21日	22日	23日	24日
ブロワリア	クルクマ	モルセラ	モントブレチア
才能に恵まれた 素直な人	**判断力と決断力の 優れた人**	**自分自身を しっかりもった人**	**寂しがりやの 可愛い人**
多才に恵まれた人です。明るく、だれとでも親しくなれる柔軟さもあり、素直て好きなもの一直線。自分に自信をもつことがカギです。	決断力があり、リーダー気質といえる人です。周囲と意見が違うと我を通すこともありますが、成功するためには、それも必要な部分です。	現実的に物事を捉えるので、目標達成率が高い人です。協調性を重んじるので、人間関係も好調ですが、一人でいる時間も好きな人です。	几帳面で真面目に物事に取り組む人です。熱心に向き合う姿は、情熱的に見られますが、根は寂しがりやて、だれかにそばにいてほしい人。

25日	**26日**	**27日**	**28日**
ヒオウギ	**アンモビウム**	**タイム**	**クロユリ**
芸術性のある職人気質の人	**人間関係の構築に長けた人**	**優しくて積極性をもつ人**	**冷静さと感情的な二面性をもつ人**
だれにも思いつかないようなことを思いつく人。1つの道を納得いくまで極めようとする職人気質です。その性質は大切にするべきです。	人付き合いがとても上手な人です。初対面でもきちんと対応できる、優れたコミュニケーション能力の持ち主。そこをいかしていきましょう。	人とのつながりを大切にする人です。物事の成功を周りの人と分かち合いたいと考える優しい心の持ち主。積極性があります。	物事を冷静に判断できますがスイッチが入ると感情的になってしまいます。チャンスを手にするためには、感情をコントロールしましょう。

8月

29日	**30日**	**31日**
サルスベリ	**オジギソウ**	**スパティフィラム**
才能を秘めて縁の下の力持ち	**困難を恐れない冒険者**	**失敗の後の成功が大きい人**
いろいろな才能をもちながら、それを表に出す事を望まない人。周囲もそれは理解しているので、相談しながら進むことが成功への近道です。	平穏な生活に収まることなく、心のまま自由に生きたいと願っています。世俗的な地位や安定には関心がなく、永遠の冒険者です。	失敗をしても、そこで得た経験や知識が、いずれ大きな花を咲かせる人です。困難に立ち向かう強い心が大切となるときがくるでしょう。

153

Dahlia
ダリア

江戸時代に、オランダ人によってもたらされたのがダリアです。花の姿が牡丹に似ていたことや、インドからきたと思われていたことなどから、「天竺牡丹 (テンジクボタン)」という和名がつけられました。

Language of Flowers

「華麗」「優雅」
「気品」「移り気」

ゴージャスで美しい花の姿から、これらの花言葉が生まれました。
「移り気」「裏切り」などといった、あまり意味のよくない花言葉もあるので、贈り物にするときは注意しましょう。

Data of Flowers

科・属名	キク科・ダリア属
原産地	メキシコ、グアテマラ
学名	*Dahlia*
和名	天竺牡丹 (テンジクボタン)
開花時期	6〜11月

赤：「栄華」「華麗」
黄：「優美」「栄華」
白：「感謝」「豊かな愛情」

9月

皇帝ナポレオンの妻が愛した花

　ナポレオンの皇后ジョセフィーヌは、ダリアの花をとても愛していました。独占欲が強いジョセフィーヌは、自分だけの花としてだれにも譲らずに育てていたのですが、ダリアを見たある貴族の女性が、どうしても欲しくなってこっそり球根を盗み、自分の庭でダリアを咲かせてしまいました。

　そのことを知ったジョセフィーヌは、激怒しダリアにもすっかり興味を失ったのです。この出来事から、「移り気」や「裏切り」などの悪い意味の花言葉が生まれたといわれています。

155

Lisianthus
トルコキキョウ

日本での歴史はあまり古くなく、入ってきたばかりのころは、紫色の一重咲きの花だけで人気もありませんでした。戦後、品種改良が盛んに行われ、大きくて見栄えもよくなり、花色も増えて人気の花になりました。現在、市場で流通しているトルコキキョウは、ほとんど日本産です。

Data of Flowers

科・属名	リンドウ科・ユーストマ属
原産地	北アメリカ 〜南アメリカ北部
学名	*Eustoma grandiflorum*
和名	トルコ桔梗 （トルコキキョウ）
開花時期	5〜9月

- 紫：「希望」
- ピンク：「優美」
  白：「思いやり」「変わらぬ美」

9月

Language of Flowers

「永遠の愛」「優美」
「清々しい美しさ」

バラと並んでもひけを取らない美しい花の姿
から、これらの花言葉が生まれました。また、
花を逆さまにすると、スカートのような優美
さが感じられるともいわれています。

「トルコキキョウ」という名前の由来は？

　トルコキキョウは、桔梗（キキョウ）ではなく竜胆（リンドウ）の仲間なの
ですが、色や花の姿がキキョウに似ていることから、キキョウという名前がつ
いたといわれます。
　トルコについては、蕾（つぼみ）の形がトルコ人のターバン姿に似ているからついたと
いう説や、紫色の花がトルコ石の色に似ているからとか、海の色に似ているか
らなど、諸説あります。

ブルースター

星形の小さな花ですが、存在感があります。最初は青い色でも、咲き終わりに近づくにつれて紫色になっていきます。花色が違うものは、ピンクはローズスター、白はホワイトスターと呼ばれています。

Language of Flowers

「幸福な愛」
「信じ合う心」

Data of Flowers

幸せな意味の花言葉をもっているため、西洋では、サムシングブルーといって、幸せな結婚生活を送るためのアイテムとしてブーケなどによく使われます。また、男児が誕生したときのお祝いとして、ベビーブルーというラッキーカラーのアイテムとしても人気です。

科・属名	キョウチクトウ科・ルリトウワタ属
原産地	ブラジル、ウルグアイ
学名	*Oxypetalum coeruleum*
和名	瑠璃唐綿（ルリトウワタ）
開花時期	5〜10月

Bush clover
ハギ

ハギは、山野に自生しており、秋の七草の1つにもなっています。古くは万葉集にも詠まれており、日本人に愛されてきました。古い株の根元から芽をつけることから生芽（はえき）と呼ばれ、それが「ハギ」となったといわれます。

9月

Language of Flowers

「思案」
「柔軟な精神」
「内気」

風に揺られて、うつむくように咲く花の姿はとても可憐で、「思案」や「内気」といった言葉をイメージさせます。また、細くて柔らかい茎が柔軟さを感じさせます。

Data of Flowers

科・属名	マメ科・ハギ属
原産地	日本、東アジア
学名	*Lespedeza*
和名	萩（ハギ）
開花時期	7～10月

キンモクセイ

ジンチョウゲ、クチナシと並んで「三香木」の1つです。オレンジ色の花が満開になると、甘くすばらしい香りを遠くまで届けます。
食用として使われることもあり、「桂花陳酒」という中国のお酒や、お茶としても人気があり、その成分にはリラックス効果があるともいわれています。

Language of Flowers

「気高い人」
「謙虚」「真実」

雨が降ると、潔く花を散らせてしまう姿から「気高い人」という花言葉が生まれました。
「謙虚」は、控えめで小さなオレンジ色の花をつけることからきています。

Data of Flowers

科・属名	モクセイ科・モクセイ属
原産地	中国
学名	*Osmanthus fragrans*
和名	金木犀（キンモクセイ）
開花時期	9〜10月

Canna lily

カンナ

真夏の太陽がよく似合う、元気な花です。コロンブス がアメリカ大陸を発見したときに、ヨーロッパに渡ったといわれます。日本へは、江戸時代に入ってきて、温暖な地域では野生化しています。

9月

カンナの花と仏陀の伝説

　仏陀（ブッダ）を襲おうと待ち伏せをしていた悪魔が、ブッタに大岩を投げつけました。大岩は、仏陀に直接当たることなく足元で砕け散ったのですが、一欠片だけ仏陀の足の指に当ってしまいました。その足から流れた血が大地に染み込み、そこから赤いカンナが咲いたといわれています。

　このとき仏陀を襲った悪魔は、大地の怒りに触れて地の裂け目から地獄に堕ちてしまったそうです。

Language of Flowers

「情熱」
「快活」
「永遠」

真夏の強い日差しにも負けずに鮮やかに咲き誇る姿から、「情熱」「快活」という花言葉が生まれました。

Data of Flowers

科・属名：カンナ科・カンナ属
原産地：中南米、熱帯アジア
学　名：*Canna*
和　名：カンナ
開花時期：6〜10月

ペンタス

ペンタスは、花弁の数が5枚であることから、ギリシア語で数字の「5」を表す「Pente（ペンテ）」が語源となっています。同じアカネ科の「サンタンカ」という花に姿がよく似ていることから、和名が「クササンタンカ」となりました。

Language of Flowers

「願い事」
「希望が叶う」

花の姿が星の形のようなことから、「星に願いを」という気持ちでこの花言葉がつけられました。

Data of Flowers

科・属名	：アカネ科・クササンタンカ属
原 産 地	：熱帯アフリカ、アラビア半島
学 名	：*Pentas lanceolata*
和 名	：草山丹花（クササンタンカ）
開花時期	：5～10月

Spider flower

クレオメ

Data of Flowers

科・属名：フウチョウソウ科・
　　　　　フウチョウソウ属
原産地：熱帯アメリカ
学　名：*Cleome spinosa*
和　名：西洋風蝶草 (セイヨウフ
　　　　ウチョウソウ)
開花時期：7～10月

和名は、蝶が飛んでいるような花の姿から「西洋風蝶草 (セイヨウフウチョウソウ)」と名づけられました。

いっぽう英語では、長い雄しべがクモの足のように見えることから「Spider flower (クモの花)」といわれ、オランダでは「Kattensnor (猫の髭)」などと呼ばれています。

9月

Language of Flowers

「秘密のひととき」
「想像したほど悪くない」
「あなたの容姿に酔う」

夕方から咲き始めて、翌日の昼までには散ってしまう1日咲きの花で、人が寝ている間にひっそりと咲くようすから「秘密のひととき」が生まれました。
「想像したほど悪くない」は、英名の Spider flower「クモの花」から想像するよりも、実際の花は美しかったからだという説があります。

Balloon flower

キキョウ

日本在来種で万葉集にも登場する、秋の七草の1つです。多くの武士にも愛され、明智光秀、坂本龍馬、加藤清正らなどがキキョウの花を家紋としていました。
キキョウの根は、生薬としても利用されていて、鎮咳、鎮痛、解熱作用などがあるといわれています。

Language of Flowers

「永遠の愛」「誠実」「清楚」

「永遠の愛」は、戦に行ってしまった夫や恋人を、無事を祈りながら永遠に待ち続ける娘の物語にちなんで生まれた花言葉だといわれています。また、キキョウの花の色のイメージからつけられたのが「誠実」です。

● 青:「気品」

● ピンク:「薄幸」

　白:「清楚」「従順」

Data of Flowers

科・属名	キキョウ科・キキョウ属
原産地	日本、朝鮮半島、中国
学名	*Platycodon grandiflorus*
和名	桔梗 (キキョウ)
開花時期	6～9月

Sage

セージ

ハーブとしてよく使われているセージは、薬効や浄化力も高いといわれ、香りの強い葉が特徴です。食用、薬用、観賞用に分けられ、色や形が違う物など種類も豊富で人気があります。セージの花が家の庭に花が咲いていると長生きできるという言い伝えもあるので、家族や両親に贈るとよいでしょう。

Language of Flowers
「尊重」「知恵」

英語で「賢人」「賢い」「賢明な」を意味する単語 Sage が、花の名前と同じ綴りであることから「尊重」「知恵」といった花言葉が生まれました。

● 赤：「燃ゆる想い」

● 青：「尊敬」

Data of Flowers

科・属名	：シソ科・サルビア属
原産地	：地中海沿岸
学名	：*Salvia officinalis*
和名	：薬用サルビア（ヤクヨウサルビア）
開花時期	：5～7月、9～11月

9月

Cape primrose
ストレプトカーパス

ストレプトカーパスの果実は、らせん状にねじれた姿をしているため、ラテン語のstoreptos「らせん状」とcarpus「果実」がもととなって*Streptocarpus*「ストレプトカーパス」という学名が誕生しました。

Language of Flowers

「ささやきに耳を傾けて」
「清純な愛」「信頼に応える」

横向きに咲いた花が、そよそよと風に揺られる姿が、風のささやきに耳を傾けているようなことから、「ささやきに耳を傾けて」という花言葉が生まれたといわれます。
「信頼に応える」は、花期が長いことに由来します。

Data of Flowers

科・属名	イワタバコ科・ストレプトカーパス属
原産地	アフリカ南東部
学名	*Streptocarpus*
和名	姫桐草（ヒメギリソウ）
開花時期	5〜10月

Red spider lily
ヒガンバナ

すべての部分に毒があるという「全草有毒」の植物です。別名が1000以上あるといわれ、「死人花」「地獄花」「毒花」「幽霊花」など、うれしくないものも多くあります。しかし、よく耳にする「曼珠沙華（まんじゅしゃげ）」は、サンスクリット語で「天界の花」という意味があり、よいことの前兆だといわれています。

9月

Language of Flowers

● 赤：「情熱」「独立」「再会」
○ 黄：「追想」「深い思いやり」「陽気」
○ 白：「また会う日を楽しみに」
　　　「想うはあなた一人」

裏 「あきらめ」
裏 「悲しい思い出」

ヒガンバナは、真っ赤な花の色から火事を連想したり、毒をもつ性質などから死や不吉なイメージがあります。そのため「あきらめ」や「悲しき思い出」というネガティブな花言葉が生まれました。

Data of Flowers

科・属名：ヒガンバナ科・
　　　　　ヒガンバナ属
原産地：中国
学　名：*Lycoris radiata*
和　名：彼岸花（ヒガンバナ）
開花時期：9月

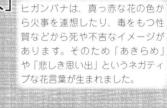

誕生花からの占いメッセージ（9月）

1日

**ムラサキ
ツユクサ**

努力が強運を
後押しする人

芯がしっかりして
いて、くじけるこ
となく粘り強く目
標に向かっていく
人です。努力で
成功を手にします
が、運も強力に味
方してくれます。

2日

チューベローズ

努力を怠らない
心優しい人

人の心を優しく解
きほぐすような人
です。そのため、
いつも人に囲まれ
ています。自分に
厳しく、陰で努力
する姿を周囲は
知っています。

3日

ケイトウ

正義の心と言葉で
魅了する人

曲がったことが嫌
いな、正義感の強
い人。敵も味方も
いますが、あなた
の自分を貫く姿勢
は、最終的にあな
たを慕う人を増や
していきます。

4日

ソリダスター

人もうらやむ
頭脳明晰な人

器用で頭の回転の
早い人ですが、温
和な性格で、親し
みと信頼感を与え
ます。何事もそつ
なくこなす頭脳明
晰ぶりは、嫉妬さ
れることも。

5日

オミナエシ

とことん追求する
凝り性の人

非常に好奇心旺盛
な人で、何事も自
分が納得するまで
追い続けます。安
定より変化を求め
る傾向にあり、そ
れを何らかの形に
できる人です。

6日

ハギ

見返りを求めない
奉仕の人

ボランティア精神
が強い情の深い人
です。頼まれたこ
とにはきちんと結
果を出してくれる
ので、周囲の信頼
は絶大。自分も喜
びを感じます。

7日

ブルースター

行動力と直感力で
乗り切るタイプ

考えるより、まず
行動するタイプ。
失敗しても悩まず
次へ進む行動力が
あるので、立ち直
りも早いです。好
きな物への本気度
はすごいです。

8日

ヤツシロソウ

ストイックに
努力する人

決して弱音をはか
ない強さをもった
人です。コミュニ
ケーション能力も
あるので、成功し
やすいです。スト
レスを溜めないこ
とがカギ。

9日	10日	11日	12日

オオギク

強力なパワーで
進んでいく人

先が見えない大きな夢や目標も、あきらめることなく達成できる人。本質は優しく明るいので、人気がありますが、ストレスには要注意。

シュウカイドウ

強靭な心を常に
もっている人

意志が強く、目標に向かって突き進む人です。みなぎる自信で人生の困難を乗り越えていきます。周囲に同じ力を求めず、受け入れましょう。

ムクゲ

知性と落ち着きの
優等生

物事をじっくり考えるタイプです。元々、大人びた雰囲気がある知性派です。人と競うより自分磨きをして目標を達成させる人です。

クレマチス

多彩な才能の
持ち主

何事に対しても努力を惜しまない人です。そのうえ、多才な人で、周囲からも信頼され、だれとでも打ち解ける力をもっています。

9月

13日	14日	15日	16日

カンナ

純粋で正直な
魅力ある人

何事も石橋を叩いて渡るタイプ。正直さと誠実さをもちあわせ、純粋な姿に周囲は魅せられます。地道に頑張る姿勢を貫くとよいでしょう。

ホウセンカ

集中力を継続
できる人

思いつきをすぐに行動に移すタイプですが、同時に集中力にも優れていて、興味のあることに対しては、飽きることなく続けていけます。

ヨメナ

探究心と
洞察力の人

美しいものや、楽しいことが大好きな人。目利きなところがあり、瞬間的に物事を判断する力もあるので、周囲から一目置かれる存在です。

アスクレピアス

独立心のある
努力の人

たとえ大変だとわかっていても、なんとかしようと努力する人。頑張り続ければ、夢や目標は叶うと信じ、一人でもやり遂げようとします。

17日	18日	19日	20日

ミセバヤ

広い視野と
先見の明がある人

新しいことを始めるのが好きな人。いろいろなことに興味があるので、どうしても次々と手をつけがちですが、それが生きる原動力です。

クジャクソウ

活動することで
成長できる人

ひらめきと直感力のある人です。自分の考えにこだわらず、人との関わりの中で成長できる人なので、受け入れる心をもつとよいでしょう。

サルビア

チャーミングで
愛嬌のある人

頭の回転が早く、チャーミングなところもあり、天性の愛されキャラ。いつも人に囲まれています。謙虚さをもち続けることが大切です。

ヒガンバナ

感受性が鋭く
美意識が高い人

穏やかで聡明、美しいものが好きです。持ち物や言葉づかいも、なんとなく美しさを醸し出す雰囲気があり、周囲の注目を集めます。

21日	22日	23日	24日

キキョウ

運を味方につけた
社交家

苦手な人はいない、というぐらい初対面でも気さくに対応できる、天性の社交家です。その本能のままに行動すると、結果につながります。

センニチコウ

心に情熱をもつ
大器晩成型

穏やかで真面目な人ですが、周囲が驚くほどの情熱を隠しもっています。マイペース型で結果が出るまでに時間がかかりますが、成功します。

サガギク

一目置かれる
実力者

人を惹きつけるものをもっている人です。それは、強い信念、責任感、実行力など、リーダーシップをとるパワーがみなぎっているからです。

ルドベキア

多く人に慕われる
正直者

自分が選んだ道をまっすぐに歩む人です。たとえ周囲が反対しようとも です。人のために生きる人でもあり、信じた人への愛情は特別です。

25日	26日	27日	28日

ノコンギク

繊細で敏感な気配りの人

理想を高く追い求めるところがある人です。人には優しく自分には厳しいです。人一倍周りの人に気をつかい、ユーモアのセンスもあります。

ラバテラ

感受性が強いロマンチスト

感情の起伏が激しく、少しのことにも気持ちが敏感に反応してしまいます。気分屋にも見られますが、自分の心に正直なだけなのです。

フウセンカズラ

努力に裏付けられた自信家

自分のもてる力を発揮することができる人。日ごろから自信のある行動をとります。いつも輝いて見えますが、人の目も気にするタイプです。

シオン

心優しきチャレンジャー

活動的でいろいろなことにチャレンジする人です。周囲からも尊敬されるほどの判断力と信念をもち、何より、人を大切にします。

9月

29日	30日

チトニア

悩み相談を請け負う人

思いやりの深い人です。円満な人間関係を求めます。知識も豊富なので、頼りにされるのは当たり前。周囲のアドバイザー的存在です。

シュウメイギク

子どものような心で生きる人

天真爛漫な無邪気さがありながら、周りの変化にも敏感な人です。生活を楽しむことが得意で、人生は自分のためにあると思っています。

Gerbera
ガーベラ

太い茎の先に、存在感のある1輪の花を咲かせます。一重咲き、八重咲きなど種類も豊富で、花色もカラフルです。日本には大正時代に渡ってきたとされ、その花の姿から、「花車（ハナグルマ）」や「千本槍（センボンヤリ）」といった名前がつけられました。

Language of Flowers

「希望」「前向き」

さまざまな色や形をもつガーベラは、陽気なイメージから、「希望」や「前向き」などの明るくて愛や希望に満ちた花言葉が生まれました。
代表的な花色は、赤、オレンジ、ピンクなど明るい色で、陽気な雰囲気を醸し出してくれます。

Data of Flowers

科・属名	：キク科・ガーベラ属
原産地	：南アフリカ
学名	：*Gerbera*
和名	：花車（ハナグルマ）
開花時期	：4〜10月

- ピンク：「崇高美」「思いやり」「感謝」

　黄：「親しみやすさ」「優しさ」「究極美」

- オレンジ：「忍耐」「冒険心」「神秘」

　白：「希望」「純潔」「律儀」

- 赤：「神秘の愛」「情熱」

10月

ドイツ人の医師から名づけられた「ガーベラ」

　ガーベラは、元気でキュートなイメージで人気の花です。19世紀末に南アフリカで発見され、そのときの第一発見者であるドイツ人の植物学者ゲルベル（Traugott Gerber）の名前が「ガーベラ」の由来といわれています。花の歴史はまだ新しく、発見されてから150年程度です。

　飾ると周囲が明るくなるガーベラには、たくさんの花色があり、その色ごとに花言葉があります。

コスモス

元々標高の高い場所に自生していて、軽井沢などの高原で多く咲いています。秋に桜のように咲く花という意味から、「秋桜」と書いてコスモスとなりました。

Language of Flowers

「調和」「謙虚」

ギリシア語の kosmos が、学名 Cosmos の語源です。kosmos には、「調和、美しさ、秩序、宇宙」という意味があり、これが花言葉の由来といわれています。

● 赤：「愛情」「調和」

● ピンク：「純潔」

黄：「野性的な美しさ」

白：「優美」

● チョコレート：「移り変わらぬ気持ち」「恋の思い出」

Data of Flowers

科・属名	：キク科・コスモス属
原産地	：メキシコ
学名	：*Cosmos bipinnatus*
和名	：秋桜（アキザクラ）
開花時期	：6〜11月

Japanese beautyberry
ムラサキシキブ

ギリシア語のcallos「美しい」とcarpos「果実」が語源となったのが学名の
Callicarpaです。果実が美しく熟すことにちなみます。
昔から山地の湿地や森林に自生していて、秋になると紫色の美しい実をつけま
す。実のほうが特徴的で目立ちますが、淡い色の小さくて可憐な花が咲きます。

Data of Flowers

科・属名	：シソ科・ムラサキシキブ属
原産地	：日本、朝鮮半島、台湾
学 名	：*Callicarpa japonica*
和 名	：紫式部（ムラサキシキブ）
開花時期	：5〜7月、9〜11月（鑑賞期）

10月

Language of Flowers
「聡明」「上品」「愛され上手」

「聡明」「上品」という花言葉は、才女として
名高い平安時代を代表する女流作家 紫式部
からイメージされたといわれています。

Angel's Trumpet
エンジェルトランペット

トランペットの形をした花が、ぶら下がるように咲いています。元々は、薬用植物として日本には江戸時代にやってきました。淡い黄色の花姿が、天使の吹くトランペットのように見えるのが名前の由来です。

Language of Flowers
「愛嬌」

下を向いて風に揺られながら咲く花の姿が、可愛らしくて愛嬌があることから「愛嬌」という花言葉がつけられました。

Data of Flowers

科・属名	ナス科・キダチチョウセンアサガオ属
原産地	南アメリカ
学名	*Brugmansia suaveolens*
和名	木立朝鮮朝顔（キダチチョウセンアサガオ）
開花時期	7〜10月

176

コットン

ハイビスカスに似た美しい花を咲かせます。9
〜10月ごろ果実を実らせ、果実が破裂すると
コットンを採取できます。白が一般的ですが、
茶、青、緑などもあります。

10月

Data of Flowers

Language of Flowers

「優秀」「有用」
「崇高」「私を包んで」

科・属名：アオイ科・ワタ属
原産地：熱帯、亜熱帯地方（アジア、
中南米）
学　名：*Gossypium arboreum*
和　名：綿花、木棉（キワタ）
開花時期：7〜11月

綿が衣類として、私たちの生活に恩恵を与えてくれていること
から、敬意をこめて「有用」という花言葉がつけられました。

Hardy begonia
シュウカイドウ

英語では、Hardy begonia「耐寒性のあるベゴニア」と呼ばれています。しかし日本では、江戸時代に伝わるとすぐに広まり、その多くが野生化したシュウカイドウはベゴニアとは呼ばれません。

Language of Flowers
「片思い」
「恋の悩み」

ハート型をしている葉ですが、左右の大きさが違うことから「片思い」の花言葉が生まれました。また、花の形がうなだれてるように見えることから、「恋の悩み」がつけられました。

Data of Flowers

科・属名	シュウカイドウ科・シュウカイドウ属
原産地	中国、マレー半島
学名	*Begonia grandis*
和名	秋海棠（シュウカイドウ）
開花時期	8〜10月

Gazania
ガザニア

10月

黄色やオレンジ、赤など鮮やかな花色が多く、明るい気持ちにさせてくれます。花は光があたると開くので、日が当たる朝に開き、暗くなると閉じます。

Language of Flowers

「あなたを誇りに思う」
「笑顔で応える」

鮮やかな花色で、花を見た人に元気をくれたり、花の形が勲章に似ていることから、これらの花言葉がつけられました。

Data of Flowers

科・属名：キク科・ガザニア属
原 産 地：南アフリカ
学　名　：*Gazania rigens*
和　名　：勲章菊（クンショウギク）
開花時期：4 〜 10月上旬

179

ベゴニア

　ベゴニアといってもその種類は多く、球根性ベゴニア、木立性ベゴニア、根茎性ベゴニアと大きく3つのグループに分けられます。中でも人気があるのが、ベゴニア・センパフローレンスで、花壇などでよく見かけます。

Language of Flowers

「愛の告白」
「片思い」
「幸福な日々」

ゆがんだハート形をしている葉の形にちなんで「片思い」や「愛の告白」という花言葉がつけられました。愛にあふれた花言葉が多いです。

● 赤：「公平」

白：「親切」

ピンク：「幸福な日々」

ベゴニアセンパフローレンス：「永遠の栄」

リーガースベゴニア：「高貴」

Data of Flowers

科・属名：	シュウカイドウ科・シュウカイドウ属
原産地：	ブラジル
学　名：	*Begonia*
和　名：	ベゴニア
開花時期：	4～10月

Gentian
リンドウ

古代エジプト時代から、リンドウの根が薬になることが知られていました。漢方では、竜胆（リュウタン）という生薬として今でも使われています。
花の色が冠位十二階の最上級である紫色に近いことから、敬老の日に尊敬を込めてプレゼントされます。

Language of Flowers
「正義」「誠実」
「悲しんでいるあなたを愛する」

10月

「正義」「誠実」という花言葉は、裁判官や警察官になる人に贈るのにぴったりです。また、悲しみをイメージする青紫の花の色から、「悲しんでいるあなたを愛する」という花言葉が生まれたといわれています。

Data of Flowers

科・属名	リンドウ科・リンドウ属
原産地	日本、中国、朝鮮半島、シベリア
学名	*Gentiana scabra*
和名	竜胆（リンドウ）
開花時期	9〜11月

181

Rosemary
ローズマリー

地中海沿岸原産のハーブで、乾燥させてお茶や料理に
使われています。清々しい香りが特徴的です。抗酸化
作用もあることから、「若返りのハーブ」ともいわれて
います。

Language of Flowers
「追憶」
「思い出」

ハーブであるローズマリーの効能
に、「記憶力がよくなる」というの
があることから、記憶に関連した花
言葉が生まれました。

Data of Flowers

科・属名：シソ科・マンネンロウ属
原産地 ： 地中海沿岸
学 名 ： *Rosmarinus officinalis*
和 名 ： 迷迭香（マンネンロウ）
開花時期：4～5月、9～10月

トリカブト

ドクウツギ、ドクゼリと並んで、日本三大有毒植物の1つです。山菜の「シドケ、ヨモギ、ニリンソウ」は、トリカブトとよく似ていますが、花や香りで見分けます。海外では、地獄の番犬ケルベロスのよだれから生まれたともいわれています。

10月

Language of Flowers

「騎士道」「栄光」
裏 「復讐」「人間嫌い」

強力な毒性があることから「復讐」という花言葉も生まれました。また、花の形が修道士の帽子に似ているため、世の中に対して厭世的な「人間嫌い」という言葉が生まれました。

Data of Flowers

科・属名：キンポウゲ科・
　　　　　トリカブト属
原産地：北半球の温帯
　　　　　～亜寒帯地域
学　名：*Aconitum*
和　名：鳥兜（トリカブト）
開花時期：7～10月

1日

キク（赤）

**オシャレで
華やかな人**

会話が気が利いていて、とてもオシャレで華やかな人。笑顔を絶やすことがないので、周囲からの好感度も高く、人を癒すことも得意です。

2日

アンズ

**礼儀正しく
謙虚な人**

内に秘めた野心が人を惹きつけます。礼儀を尽くすので、目上の人から可愛がられます。穏やかながら、華やかさももちあわせています。

3日

ヒャクニチソウ

**天真爛漫な
愛にあふれる人**

どんな人も受け入れる博愛主義者。子どものような好奇心で、新しいものが大好き。自分が決めたら一直線に進む積極性もあります。

4日

レースフラワー

**クリエイティブな
才能をもった人**

流行に敏感で、独創的なセンスの持ち主。自分の才能をいかした活動をし、いつもアンテナを張り巡らせています。人の輪の中心にいます。

5日

キバナコスモス

**好奇心旺盛で
頭の回転が早い人**

興味があることが多く、いろいろなことに挑戦したい人です。迷うならまずは行動、実際に体験しなければわからないと考えています。

6日

クレオメ

**周囲からの信頼度
が抜群な人**

何事に対しても慎重に考え、行動に移します。時間をかけたぶん、決断後は迷いなく、周囲を引っ張りながら進んでいく、頼りになる人です。

7日

キンモクセイ

**伸びやかでクリエ
イティブな人**

のんびりとした雰囲気ですが、物事を深く考える力に恵まれています。だれとても分け隔てなく付き合い、豊かな心をもつバランスのとれた人。

8日

トーチリリー

**夢を叶えるために
行動する人**

フレンドリーで開放的な性格ですが、心の奥は何かを成し遂げたいと思っています。そのためには、時間と労力を厭わない強さがあります。

9日	10日	11日	12日
フェンネル	ブバルディア	ミソハギ	ゼラニウム

9日 フェンネル

周囲に対する影響力がある人

情が深く、いつも周囲を気づかう優しい心の持ち主。他を優先するあなたは尊敬されていて、人を信じる心は相手を改心させる力があります。

10日 ブバルディア

バイタリティーあふれる人

興味があることには突き進むタイプで、どんな困難があっても向き合える強い人です。物怖じしないところが、あなたの魅力になっています。

11日 ミソハギ

向上心が強く負けず嫌いな人

目標が高く、負けたくないという気持ちを内に秘めています。真面目にチャレンジする向上心も大切ですが、ときには休むことも必要です。

12日 ゼラニウム

何事も器用にこなすスマートな人

交友関係が広く、いろいろな人と楽しむことができます。勘が鋭く、周囲を物足りなく感じるときがありますが、自分の能力が高いせいです。

13日	14日	15日	16日

リンドウ	コスモス	フジバカマ	ヤマスゲ

13日 リンドウ

独特なセンスが光る人

ひらめきとアイディアが素晴らしく、独特の発想をします。状況に合わせて臨機応変に対応する適応力もあるので、周囲に期待されます。

14日 コスモス

対応能力が素晴らしい人

協調性があり、どんな状況にも対応する力があります。努力も惜しまない人なので、周りからの信頼は絶大。リーダー的素質があります。

15日 フジバカマ

寛容で広い心を生まれもった人

親切で面倒見がよく、困っている人には手を差し伸べます。自分の知識もすべての人に与えるという、心の広さをあわせもつ人です。

16日 ヤマスゲ

魅力あふれる孤独を好む人

中途半端なことを嫌い、自分が納得するまで向き合う人です。物づくりを仕事にすれば、あなたの心が開き、才能が開花するてしょう。

10月

17日	18日	19日	20日

シーマニア

**ポジティブで
たくましい人**

何事においても、前向きに考え行動できる人。困難であればあるほど燃えるタイプで、常に何かを求めて進んでいくことに幸せを感じます。

ラベンダー
セージ

**自然と人を
惹きつける人**

人を驚かせるアイデアをもち、人を惹きつける魅力があります。物事を考え、行動するまでの時間は、本質を見抜くための時間なのです。

エンジェル
トランペット

**変化を恐れない
前向きな人**

どんな環境にもなじめる、素晴らしい適応能力の持ち主。どんな人とも仲よくできるので、周囲に頼られ、その期待に応えていけます。

ノボタン

**頼られる人格と
判断力のある人**

周囲との和を大切にする人。自然と人から頼られることも多いでしょう。ストレスを溜めないように物事の判断は、自分を信じましょう。

21日	22日	23日	24日

アザミ

**洗練されたセンス
の持ち主**

聡明で洗練された雰囲気のある人。面倒見がよく、自分の意見もはっきりと言い、周囲からも一目置かれます。バランス感覚も優れています。

ミニバラ

**心に秘めた想いが
魅力的な人**

さっぱりとした性格に見られますが、心の中はとてもロマンチスト。独自のセンスと感性の持ち主でもあり、貫くことが幸せへの近道です。

ダリア

**直感力が鋭く
逆境に強い人**

逆境に強い人です。直感が鋭いので、自分の興味の赴くままに突き進みます。物事の良し悪しの判断力も鋭く、カリスマ性があります。

プロテア

**周囲に守られ
愛される人**

感情の起伏が激しい人ですが、周囲には子どもっぽさが可愛らしくて魅力的だと映ります。愛嬌のよさと気さくなところが好かれます。

25日	26日	27日	28日

ヘレニウム	デンファレ	チョコレート コスモス	ゼニアオイ
心は情熱で 燃えたぎる人	困難に立ち向かう ことができる人	クールさと情熱を あわせもつ人	内に秘めた本物の 強さをもつ人
物静かな感じですが、心の中は情熱のかたまり。真面目で自分に厳しすぎるところもあるので、力を抜けばあなたの情熱はあふれ出します。	常にだれかのために行動している人です。頑張り屋なので、多少のことではくじけません。それは、解決策を見つける力があるからです。	いつも風のように飄々とした人ですが、内面には激しい感情と情熱を秘めています。多才ですが、出しゃばることなく自然に輝く人です。	辛抱強く忍耐力のある人。どんな困難にも立ち向かい根気強く乗り越えます。望むことまで時間がかかっても、必ず自分のものにします。

10月

29日	30日	31日

アゲラタム	クロッカス	タマスダレ
高い理想に 向かって生きる人	好奇心旺盛で 天真爛漫な人	自然体の清々しさ が魅力の人
自分の目標に向かって、強い意志をもって突き進みます。高い理想をもっているので、全力で取り組むため、成功を得やすいでしょう。	無邪気で天真爛漫な人です。楽しいことが大好きで、未知なことへの関心も強く、考えや準備もなく飛び込んでしまうところも魅力的です。	虚栄心や飾り気がなく、裏表のない正直な人です。ありのままでいるあなたは周りには魅力的で、そばにいるだけで心が清くなりそうです。

Chrysanthemum

キ　ク

日本には、奈良時代から平安時代に中国から渡ってきました。多くの品種があり、開花時期はもちろん、花の色、草丈などもさまざまです。日本でよく見かける、ひな菊や野菊などは「和菊」といわれ、品種改良されて切り花や鉢植えに用いられているものは「洋菊」といわれます。ほかに食用菊もあり、あまりのおいしさに「もってのほか」と名づけられた紫色の菊もあります。

Language of Flowers

「高貴」「高潔」「高尚」

菊は皇室の紋章であることにちなんで、格式高い花言葉が生まれました。また、気高く、気品に満ちた花の姿に由来するといわれています。

Data of Flowers

科・属名	：キク科・キク属
原産地	：中国
学　名	：*Chrysanthemum morifolium*
和　名	：家菊（イエギク）
開花時期	：9 〜 11月

皇室の紋章「十六八重表菊」

　菊の御紋を皇室の紋章として最初に用いたのは、後鳥羽上皇だったといわれています。ことのほか菊を好んだ後鳥羽上皇は、衣類や調度品にも菊の紋を使用して、自らの印としました。

　その後も、後深草天皇、亀山天皇、後宇多天皇なども自らの印として継承したことで、菊花紋章（十六八重表菊）が皇室の紋として使用されるようになりました。

11月

● 赤：「愛情」

　　黄：「破れた恋」

　　白：「真実」

スプレー菊：「あなたを愛します」

寒菊：「健気な姿」「真の強さ」

189

ヒペリカム

夏には、美しい金色を糸をもつ黄色い花が
咲きます。秋になるとピンク、赤、白、オレ
ンジなどの実をつけます。

Language of Flowers

「きらめき」
「悲しみは続かない」

鮮やかな黄色い花が日光を浴びて輝く姿
からつけられたのが「きらめき」です。
また、花がはかなく散っても、すぐに可
愛い実をつけてくれることから「悲しみ
は続かない」という花言葉が生まれまし
た。

Data of Flowers

科・属名	：オトギリソウ科・
	オトギリソウ属
原産地	：中国
学　名	：*Hypericum androsaemum*
和　名	：ヒペリカム
開花時期	：6〜7月（花）、
	10〜11月（実）

Nerine

ネリネ

彼岸花とよく似ていることから、最初はあまり人気がありませんでした。しかし、日が当たったネリネは、宝石のようにキラキラ輝くことから「ダイヤモンドリリー」という別名も付けられて、人気が高まっています。

Language of Flowers

「華やか」「輝き」
「また会う日を楽しみに」

父親から溺愛されて大事に育てられたネレイデス（海の神ネーレーウスの娘たち）の美しさを讃える表現としてこれらの花言葉がつけられました。
また、軟禁状態で宮殿に閉じ込められた娘たちが、たまの外出で出会った楽しさにちなんで「また会う日を楽しみに」が生まれたともいわれます。

Data of Flowers

科・属名	ヒガンバナ科・ネリネ属
原産地	南アフリカ
学名	Nerine
和名	ネリネ
開花時期	10 〜 12 月

11月

ユ ズ

ユズの実は、収穫できるようになるまでに長い期間が必要とされるため、「桃栗3年柿8年柚子の大馬鹿18年」という言葉もあります。

Language of Flowers

「健康美」「幸福」
「汚れなき人」
「うれしい知らせ」

「健康美」は、ユズの実などに高い栄養成分が含まれていることからつけられたといわれます。また、緑の葉に映える真っ白な可愛い花のイメージから「幸福」「汚れなき人」が、「うれしい知らせ」は、長い期間を経て収穫できたユズの実に対する喜びから生まれたといわれます。

Data of Flowers

科・属名	：ミカン科・ミカン属
原産地	：中国
学名	：*Citrus junos*
和名	：柚子（ユズ）
開花時期	：5〜6月、9〜12月（実）

Glossy abelia
アベリア

特別な手入れをしなくても育つ、手入れが簡単な植物です。生垣や公園、街路樹、川沿いの緑道などにも使われるので、よく見かける花です。

11月

Data of Flowers

科・属名：スイカズラ科・
　　　　　ツクバネウツギ属
原産地：中国
学　名：*Abelia grandiflora*
和　名：花衝羽根空木（ハナツク
　　　　バネウツギ）
開花時期：6〜11月

Language of Flowers
「強運」
「謙虚」「謙遜」

寒さや暑さにも強く、簡単に成長することから「強運」という花言葉が生まれといわれます。
「謙虚」「謙遜」は、花より葉が目立つという、控えめな咲き方からつけられました。

Blue plumbago
ルリマツリ

学名のプルンバゴと呼ばれることも多い花です。夏から秋にかけて次々と小さな青い花を咲かせます。

Language of Flowers

「いつも明るい」
「ひそやかな情熱」

「いつも明るい」は涼しげで明るい花の色から。
「ひそかな情熱」は、咲き終わった後にガクから出る粘液により、花びらが服などにくっついてくることからつけられました。

Data of Flowers

科・属名	イソマツ科・ルリマツリ属
原 産 地	南アフリカ
学 名	*Plumbago capensis*
和 名	瑠璃茉莉（ルリマツリ）
開花時期	5〜11月

Fuchsia
フクシア

熱帯の中南米でも高地に自生するため、気温の高い場所は苦手で、夏になると弱ってしまいます。暑さが厳しいときは、室内に入れて楽しみましょう。独特の花の色から、フクシアの花の色にちなんだ「フクシア（柔らかい紫みの赤）」という色も生まれました。

11月

Language of Flowers
「おしゃれ」
「慎ましい愛」
「信じる愛」

「おしゃれ」は、垂れ下がったイヤリングのように見える花の姿から。また、恋をした女性がおしゃれに気を配るようになることから、愛に関連する花言葉がつけられました。

Data of Flowers

科・属名	アカバナ科・フクシア属
原産地	中南米
学名	*Fuchsia hybrida*
和名	釣浮草（ツリウキソウ）
開花時期	4～7月、10～11月

195

Japanese anemone
シュウメイギク

中国から伝えられた花で、日本で繁殖して帰化しました。「貴船菊（キブネギク）」や「秋牡丹（アキボタン）」ともいわれ、和風のガーデンには欠かせない植物です。一枝でも見栄えがするので、華道の素材としても重宝しています。

Language of Flowers

「淡い想い」
「忍耐」「薄れゆく愛」

シュウメイギクと同じ仲間の「アネモネ」がもつ、悲しい伝説と、「はかない恋」「見捨てられた」などの切ない花言葉にちなんでつけられたといわれています。

Data of Flowers

科・属名	：キンポウゲ科・イチリンソウ属
原産地	：中国
学名	：*Anemone hupehensis*
和名	：秋明菊（シュウメイギク）
開花時期	：9〜11月

ダイモンジソウ

真上から花を見ると、漢字の「大」のように見えることから大文字草(ダイモンジソウ)の名前がつけられました。岩場や渓谷の岩上などに生えます。英名に付いているfoliには「引き立て役」という意味があります。

Language of Flowers

「自由」「好意」
「情熱」「不調和」

大の字に寝転んで空を眺めるように
咲く花のイメージから、「自由」という花言葉がついたのでしょう。
「情熱」は恋愛に関連した花言葉なので、好きな人へ贈るとよいでしょう。「不調和」は、花弁がアンバランスなことからつけられました。

11
月

Data of Flowers

科・属名：ユキノシタ科・
　　　　　ユキノシタ属
原 産 地：日本、中国、朝鮮半島
学 　 名：*Saxifraga fortunei*
和 　 名：大文字(ダイモンジソウ)
開花時期：7〜11月

Cockscomb
ケイトウ

鶏頭（ケイトウ）という名前は、花の形が雄鶏のトサカに似ていたことに由来します。夏の代表的な花で、別名「セロシア」とも呼ばれて、花の歴史は古く万葉集の歌にも詠まれています。

Language of Flowers

「おしゃれ」
「個性」「気取り」
「風変わり」

真っ赤に燃えるような花の姿や、意気揚々と咲くようすからさまざまな花言葉が生まれました。どれも、個性を称賛するような言葉です。元々花言葉をもたない花だったため、「風変わりな花」のシンボルともなっていました。

Data of Flowers

科・属名	ヒユ科・ケイトウ属
原産地	アジア、アフリカの熱帯地方
学名	*Celosia cristata*
和名	鶏頭（ケイトウ）
開花時期	7 〜 11 月

Geranium
ゼラニウム

イスラム教の開祖マホメットの徳を称えるために、アラー（神）がこの世に誕生させた植物ともいわれています。品種によって葉には独特の香りがあり、虫除けに利用されたり、魔除けや厄除けとして使われることもあります。

11月

Language of Flowers

「尊敬」「信頼」「決心」「決意」

裏 ○ 白：「あなたの愛を信じない」

裏 ● 深紅：「憂鬱」　裏 ● ピンク：「疑い」

ゼラニウムの葉が放つ香りは独特で、そばに置くと魔除けになるとされていました。そばに置きたいけれど、その香りからは離れていたいといういうちぐはぐな気持ちが込められ「憂鬱」「疑惑」などの花言葉がつけられたそうです。

Data of Flowers

科・属名：フウロソウ科・
　　　　　テンジクアオイ属
原産地：南アフリカ
学　名：*Pelargonium zonale*
和　名：天竺葵（テンジクアオイ）
開花時期：3〜11月

199

1日

カリン

**生涯かけて物事を
学び続ける人**

何かを勉強するこ
とが大好きな人で
す。興味があるこ
とにまっすぐに取
り組みます。いつ
も笑顔を絶やさな
いので、人気もあ
ります。

2日

ルピナス

**我慢強く
くじけない人**

失敗してもくじけ
ることなく前向き
に生きていける
人。我慢強さから
来ている、生き抜
く力をもつあなた
は周囲からも尊敬
されます。

3日

カモミール

**自己アピールが
上手な人**

プライドの高い
人。自分のことを、
周囲にさりげなく
アピールするのが
上手です。それが
心からの態度なの
で、嫌味がなく魅
力になります。

4日

ムラサキシキブ

**夢や理想を
現実にできる人**

夢や理想を追い求
めていく人です。
ただの夢物語では
なく、きちんと地
に足をつけた考え
方と行動をするた
め、周囲からの信
頼も得ます。

5日

マツバボタン

**頭の回転が早い
自由人**

頭の回転が早く、
率直なので自分の
気持ちを伝えるこ
とがとても上手で
す。元々自由人な
ので、周囲は大胆
な人だと感じるこ
とがあります。

6日

**カーネーション
（白）**

**期待される
静かなリーダー**

物静かですが強い
意志を心に秘めて
います。ここぞと
いうときには主張
し、思いやりもあ
るので、周囲から
引き立てられて、
リーダーに。

7日

タンジー

**心優しい
ちょっと孤独な人**

あなたは他人を簡
単に信じたりしま
せん。しかし、冷
たい人ではなく、
面倒見がよく、言
葉づかいも丁寧
で、人から好かれ
やすいです。

8日

**ステルン
ベルギア**

**一緒にいて
楽しい人**

何よりも楽しさを
優先する人。あと
先は考えません。
いろいろ新しいこ
とに興味をもち、
やってみたいとい
う気持ちが、抑え
られません。

9日	10日	11日	12日
ランタナ	ハイビスカス	カラスウリ	レモン
積極性のある アクティブな人	職人気質で 器用な知識人	清々しく 温かい心の持ち主	いつでも人の輪の 中心にいる人
人が嫌がることも率先してできる人です。積極性と行動力があり、周囲から一目置かれます。その行動力が、あなたを成功へと導きます。	知識欲があり、なんでも知りたがり屋です。勉強が大好きで、職人的な部分もあるので、1つのことを磨き続けることがよいでしょう。	温かくまっすぐな心の持ち主。言葉をはっきりと相手に伝えるので、近寄り難く見られるかもしれませんが、表裏のない清々しい人です。	好奇心旺盛でにぎやかなことが大好きです。流行にも敏感で、絶えず人に囲まれているので、すぐに声もかかり、楽しい時間が過ごせます。

13日	14日	15日	16日
デンドロ ビューム	デルフィニウム	オレガノ	ワレモコウ
感受性豊かな 寂しがり屋	忍耐力が強く 信頼される人	自分の魅力に 気づくべき人	卓越したセンスで 成功する人
しっかり者でありながら、じつは人一倍寂しがり屋です。普段は周囲に見せないのは、一人好きというところも、もっているからです。	何事も粘り強く、最後までやり遂げる人です。周囲に対する気配りもできるリーダー的存在の人で、信頼度も高いといえるでしょう。	クールで洗練された雰囲気をもち、何事も冷静に対処するあなたは、男女問わず憧れの存在。自分の魅力に無自覚なので、自信をもって。	独特のセンスをもつ情熱家です。時代の流れをつかむのが上手なので、自分の考えや思いを貫きながら、波に乗って行くとよいでしょう。

11月

201

17日	18日	19日	20日

アキレア	テッポウユリ	アルストロメリア	ゲッカビジン
期待に応えたい有能な人	**心優しく献身的な人**	**責任感が強いしっかり者**	**スケールの大きさが別格な人**
優秀で、周囲に応えようとする気持ちが先に出てしまうため、常に時間に追われるように過ごしています。自分と向き合う時間も大切です。	だれかの役に立つことが生きがいとなっている人。自分を犠牲にすることは、だれにてもできることではなく、その行動は光っています。	何事もしっかりと自分で責任をとります。正直で真面目な性格は、慎重さも兼ね備えています。周囲にとって目標とされるような存在です。	自分の人生は自分で決めるという思いが、だれよりも強い人です。人と同じことを嫌い、独特の感性があり、大きな成功を収める人です。

21日	22日	23日	24日
ベルフラワー	マーガレット	キク（白）	セントポーリア
努力で才能を開花させる人	**尋常ではない癒す力をもった人**	**偏見のない慈愛に満ちた人**	**少し頑固な集団を率いる人**
宝石の原石のように、未知なる才能にあふれた人。それはあなた自身の力で、宝石にも、石にもなりうる危うさなので、努力が重要です。	どんな人も見捨てない、本当の優しさをもつ人。気をつかいすぎて体調を崩してしまうことがあるので要注意。でもあなたの愛は本物です。	偏見という概念がない人です。そのため、周囲からは信頼され、人気者でもあります。常にあなたの行動は、慈愛に満ちているからです。	頑固なところがありますが、好奇心旺盛でいろいろなことに挑戦します。先頭に立って周囲を率いていく、魅力あふれる人気者です。

25日	26日	27日	28日
ネリネ	**カラー**	**グラジオラス**	**キルタンサス**
真面目に 人生を歩む人	**困難を吹き飛ばす パワーのある人**	**独特な雰囲気の ある能力者**	**仲間との一体感が 大切な人**
おっとりした雰囲気の人。真面目で向上心があり、何事もしっかりとやるタイプです。人との関係を大切にするので、人からも好かれます。	1つのところにじっとしていられないタイプです。性格と同様に人生も変化しますが、困難なときでも、パワーにあふれています。	能力があり行動力にあふれた人。独特な感性の持ち主で、人生は激しさと穏やかなときが入り混じりますが、あなたはそれを、気にしません。	協調性があり、仲間と時間を共有し、成功を成し遂げようと思っている人。それは強い意志によるものなので、持ち続けることが大切です。

29日	30日

マリーゴールド	**カスミソウ**
夢見る 平和主義者	**クールに見える 情熱家**
平和第一主義で争い事が嫌いです。温和で、広い視野で物事を見極める力があります。常に夢を掲げ、その道を突っ走るところもあります。	冷静沈着という言葉がピッタリです。でも心の中は、激しい情熱にあふれています。周囲からの信頼も厚く、リーダー性があります。

クリスマスローズ

日本では、原種・交配種にかかわらずヘレボルス属全体をクリスマスローズと呼んでいます。しかし欧米などでは、「ヘレボルス」という呼び名が一般的で、クリスマスのころに白い花を咲かせる「ヘレボルス・ニゲル (Helleborus niger)」のみをクリスマスローズと呼んでいます。これとは別に、クリスマスローズハイブリッドといわれる、気温が暖かくなった2〜3月ごろに花を咲かせる品種は「レンテンローズ (Lenten rose)」と呼ばれています。

Language of Flowers

「いたわり」「慰め」
「追憶」「私を忘れないで」

クリスマスローズがもつ清らかな香りが、
人の心を癒したり、不安をやわらげるなど、
精神安定剤としての薬効にちなんで「いたわり」「慰め」などが生まれました。

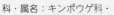

科・属名	：	キンポウゲ科・
		クリスマスローズ属
原産地	：	ヨーロッパ・西アジア
学名	：	*Helleborus*
和名	：	クリスマスローズ
開花時期	：	12〜4月

12
月

兵士が恋人に贈ったクリスマスローズ

　中世時代のヨーロッパで、冬場に遠征軍として戦地に赴く兵士が「私のこと
を忘れないでほしい」という願いを込めて、恋人に贈った花がクリスマスロー
ズです。

　恋人は、その花を眺めながら兵士の無事を祈りました。こうしたエピソード
から、「私を忘れないで」「追憶」というセンチメンタルな花言葉が生まれたと
いわれています。

Cyclamen
シクラメン

冬に出回る代表的な植物の1つです。長年の品種改良の結果、さまざまな色や形の
ものができました。花弁が反り返って咲く独特の花姿を見たある貴婦人が、「篝火の
ような花」と言ったことから、「篝火花（カガリビバナ）」という和名がつけられたと
いわれます。開花期が長いので贈り物としては最適ですが、赤のシクラメンの花言
葉は「嫉妬」なので白と合わせて贈るなどの工夫をするとよいでしょう。

Language of Flowers
「遠慮」「はにかみ」
「気後れ」

シクラメンの花は、雨から花粉
を守ろうとして下をむいて咲い
ています。その姿が恥じらって
いるようにも見えることから、
これらの花言葉が生まれました。

Data of Flowers

科・属名	：サクラソウ科・
	シクラメン属
原 産 地	：地中海沿岸
学　名	：*Cyclamen persicum*
和　名	：篝火花（カガリビバナ）
開花時期	：10〜4月

● 赤:「嫉妬」

● ピンク:「憧れ」「内気」

● 紫:「思いが響き合う」「絆」

　白:「清純」

12月

照れて下を向いて咲くようになったシクラメン

　古代イスラエルのソロモン王が、ある日、花のデザインを王冠に取り入れたいと考えました。そこで、花と話をすることができた王は、さまざまな花たちに話をしたのですが、ことごとく断られてしまったのです。そんなとき、最後に願いをきいてくれたのがシクラメンでした。

　ソロモン王は、とても喜んでシクラメンに感謝をしたところ、照れてしまったシクラメンは下を向いてしまいました。それがきっかけで、シクラメンは下を向いて咲くようになったといわれています。

Cattleya
カトレア

華麗でゴージャスな花の姿から、「ランの女王 (The Queen of Orchids)」と呼ばれています。品種改良が進み、さまざまな種類のカトレアがあるため、花色の種類も多く、香りも多彩で1年中楽しむことができます。

Language of Flowers

「魅力的」「気品」
「成熟した大人の魅力」

花言葉の由来は、伝説や言い伝えからではなく、優雅で美しいゴージャスな花の姿からきています。

- 紫：「優美な女性」「貴婦人」
- ピンク：「成熟した大人の魅力」

  黄：「魅力」「気品」「優美」

  白：「魔力」

Data of Flowers

科・属名：ラン科・カトレア属
原産地：中南米（熱帯アメリカ）
学名：*Cattleya*
和名：カトレヤ
開花時期：1〜12月

Flannel flower
フランネルフラワー

細かい毛で覆われている花は、フェルトのような質感でふわふわした優しいイメージがあります。清潔感のあるようすから、ウェディングブーケに使われることもあります。

Language of Flowers

「誠実」
「高潔」

白くて美しい花がもつピュアなイメージから、こうした花言葉がつけられました。

12月

Data of Flowers

科・属名	セリ科・アクチノータス属
原産地	オーストラリア
学 名	*Actinotus helianthi*
和 名	フランネルフラワー
開花時期	4〜6月、9〜12月

209

Poinsettia
ポインセチア

クリスマスを彩る花として欠かせない存在です。元々は赤色だけでしたが、
品種改良が進み、白やピンクのものを見かけるようになりました。

「私の心は燃えている」
「祝福」「清純」

「私の心は燃えている」は燃
える火のように赤い花の色
に由来します。「清純」は、
メキシコの先住民がポイン
セチアの色を清純のシンボ
ルとしていたためといわれ
ます。

● ピンク:「思いやり」「純潔」

白:「慕われる人」
　　「あなたの祝福を祈る」

Data of Flowers

科・属名	: トウダイグサ科・ トウダイグサ属
原産地	: メキシコ
学名	: *Euphorbia pulcherrima*
和名	: 猩々木 (ショウジョウボク)
開花時期	: 11〜3月

Camellia
ツバキ

日本を代表する美しい花の1つで、万葉集にも登場します。ツバキは、花が散るときに花首から落ちるために不吉だというイメージがあります。しかし、常緑で冬でも青々としていることから、神社や寺に植えられたり、邪気を払う木として家の境に植えられることもあります。また門松に用いられるなど、むしろ、縁起のよい植物です。

12月

Language of Flowers

「誇り」
「控えめな優しさ」

ツバキには、香りがないことから「控えめな」が頭についた花言葉がいくつも生まれました。
「誇り」は、別名「日本のバラ」ともいわれるほどの美しさを、日本の誇りに思うということからつけられました。

Data of Flowers

科・属名	ツバキ科・ツバキ属
原産地	日本
学名	*Camellia japonica*
和名	椿（ツバキ）
開花時期	11～12月、2～4月

● 赤：「控えめな素晴らしさ」「謙虚な美徳」

● ピンク：「控えめな美」「控えめな愛」「慎み深い」

　白：「完全なる美しさ」「申し分のない魅力」

False holly
ヒイラギ

葉にギザギザのトゲがあるヒイラギは、邪気の侵入を防ぐ魔除けとしても活用され、風水では表鬼門の北東にヒイラギ、裏鬼門の南西にナンテンを植えるとよいとされています。花は、キンモクセイに似た甘い香りを漂わせます。

Language of Flowers

「用心深さ」「保護」
「剛直」「先見の明」

ヒイラギの葉には、簡単に近づいたり触ったりすることができないということから、「用心深さ」という花言葉が生まれました。また、成長すると鋸歯状の葉が丸く変化することから「先見の明」がつけられたといわれます。

Data of Flowers

科・属名	モクセイ科・モクセイ属
原産地	東アジア
学名	*Osmanthus heterophyllus*
和名	柊（ヒイラギ）
開花時期	11〜12月

Christmas cactus

シャコバサボテン

茎の形が甲殻類のシャコに似ていることから蝦蛄葉（シャコバ）と名づけられました。また、クリスマスのころに開花するので、英語ではChristmas cactus「クリスマスのサボテン」と呼ばれます。

Language of Flowers

「ひとときの美」
「美しい眺め」

花のないシャコバサボテンは地味ですが、花が咲いたときの鮮やかさや美しさから「ひとときの美」や「美しい眺め」がつけられました。

Data of Flowers

科・属名	サボテン科・シュルンベルゲラ属
原産地	ブラジル
学名	*Schlumbergera truncata*
和名	蝦蛄葉サボテン（シャコバサボテン）
開花時期	10〜1月

12月

Japanese silver leaf

ツワブキ

　葉が蕗（フキ）に似ていて、岩や石の間に咲いていることから石蕗（ツワブキ）という漢字があてられました。また、和名の由来には諸説あり、葉の表面は光沢があることから「艶葉蕗（ツヤハブキ）」が転化して「ツワブキ」になったという説もあります。

Language of Flowers

「困難に負けない」「謙譲」

寒さが厳しくなっていく時期に花を咲かせたり、日陰でも負けずに葉を茂らせるほど丈夫なことから、「困難に負けない」という花言葉が生まれました。
「謙譲」は、奥ゆかしい日本的な落ち着きを感じさせる花の姿からつけられたといわれます。

Data of Flowers

科・属名	キク科・ツワブキ属
原産地	日本、朝鮮半島、中国、台湾
学名	*Farfugium japonicum*
和名	石蕗（ツワブキ）
開花時期	10〜12月

Calendula officinalis

キンセンカ

和名の金盞花（キンセンカ）は、花が黄金色で盞（サカズキ）のような形をしていることに由来するといわれます。

Data of Flowers

科・属名	：キク科・キンセンカ属
原産地	：地中海沿岸
学　名	：*Calendula*
和　名	：金盞花（キンセンカ）
開花時期	：12 〜 5 月

12月

Language of Flowers

「変わらぬ愛」
裏「別れの悲しみ」

「別れの悲しみ」はギリシャ神話（下記）に由来します。「変わらぬ愛」は、明るい花色があせないようすから。

キンセンカに姿を変えた水の精クリティ

　ギリシャ神話で、水の精クリティは、恋する太陽神アポロンがレウコトエ王女と恋仲にあったのを妬み、王女の父に密告します。怒った王は娘を生き埋めにしてしまい、クリティは自分の行いを恥じて 9 日間地面に座っているうちに、キンセンカに姿を変えたといわれます。

215

1日

ニオイスミレ

みんなに愛される 純真な人

何よりも愛が大切な人。お金で買えない価値があることも知っています。邪な心をもっていないので、周囲からの協力を得やすい人です。

2日

シネラリア

正直さが美徳な人

まっすぐな性格で目標に向かって進んでいきます。正直な心で、周囲からの信頼も厚いあなた。それをいかすには余裕をもつことが大切。

3日

ラベンダー

その雰囲気は 一目置かれる

落ち着きがあって、ゆったりとした雰囲気をもった人です。どんなことも受け入れる度量をもっています。独特な世界観があります。

4日

サザンカ

高い理想をもつ 愛情深い人

行動力があり、堅実なので周囲からの信頼は厚いです。そのうえ愛情深くもあるのでなおさらです。安定志向で目標は常に高い人です。

5日

ツワブキ

義理堅く、人生に 挑戦していく人

新しいことや楽しいことが大好きな人。いろいろと挑戦していくことでしょう。愛情深いので、困ったときは周囲がなにかと助けてくれます。

6日

ヒイラギ

人のために 役に立ちたい人

話しやすい気さくな性格の持ち主。どんな人も受け入れられる、愛情深い人ですが、まずは、自分の気持ちを大切にすることがカギです。

7日

シクラメン

夢や目標に 身を置きたい人

自分の夢や目標を大切に生きていきたい人です。欲はなく、地位や名誉にも興味はありません。ただ、自分の心に忠実でいたいのです。

8日

チャ

成功の秘訣を 知っている人

人生において成功というものを見ることができる人です。困難があっても、あきらめない気質で乗り越えていきます。それが秘訣といえます。

それぞれの誕生日を司る花々からのメッセージを受け取ってくださいね
＊誕生花は、花の開花時期とは関係ありません

9日	**10日**	**11日**	**12日**
グロリオサ	シャコバサボテン	バラ（白）	ハナキリン
芸術感覚が鋭く優しい人	**天性のやり抜く力をもつ人**	**生まれつきピュアな心をもつ人**	**純粋な心で物事に向き合う人**
優しく繊細な心の持ち主で、思いやる気持ちが深い人です。繊細な部分が芸術的才能へとつながり、表現することに目覚めるかもしれません。	思慮深く行動できる人です。難しいことも最後までやり抜くという、持ち前の気質があるので、着実に成果を手にしていくでしょう。	常に自分の心に正直な人です。周囲の意見を聞きながらも、自分が納得しなければ行動しない強さがあります。そのピュアな心が魅力的です。	いろいろなことに興味があります。勉強することが好きだったり、物事を会得することができるのは、無垢な心で吸収するからです。

13日	**14日**	**15日**	**16日**

チランジア	ブラキカム	ジンチョウゲ	カンギク
愉快なロマンチスト	**カリスマ的なリーダータイプ**	**変化を求める寛大な人**	**動じない心で成功をつかむ人**
周囲を楽しませるユーモアのある人で、常に人の輪の中心にいます。誠実で穏やかな性格で、ロマンチストなところも魅力的です。	物事の判断と決断が早い人です。どんな小さなことも自分で決めないと気がすみません。その行動力に、周囲はカリスマ性を感じています。	優しく正義感の強い人。寛大な心をもっているので、周囲からも信頼されます。生きがいを見つけることが、自分の幸せにつながります。	愛情豊かな人で、繊細で思いやりにあふれています。強い精神力の持ち主なので、目標が見つかると、成果を出すことができます。

12月

217

17日	18日	19日	20日

サクララン	アングレカム	ベゴニア	カトレア

頭脳明晰で自分を信じる人

頭の回転が早く、それを力に変えることができる人です。一度決めたら曲げないところがあり、それは、自分の力を信じているからです。

とても魅力的な社交家

社交的で、だれとても打ち解けることができます。天性のものといえるその人柄のよさで、周囲から愛され幸せな人生を歩んでいきます。

物事に動じない強い精神力の人

環境の変化に強い物事に動じない人です。切り拓く力が生まれつき備わっているうえ、行動力と強いパワーをもつカリスマ的な存在です。

謙虚な姿と品格がある人

上品な雰囲気があり、一目置かれる人です。能力がありながら、ひけらかしたりしないので、その謙虚さからも周囲の人から好かれます。

21日	22日	23日	24日

ツバキ（白）	ユリオプスデイジー	ポインセチア	ヤドリギ

激しい情熱で生きる人

喜怒哀楽が激しい人です。それはあなたの原動力にもなっていて、行動力があるのもそのせいです。ムードメーカーで人を和ませます。

洗練された完璧主義者

洗練された雰囲気と気配りで、周囲を魅了します。完璧主義で、自分のもてる力を発揮しますが、たまには少しスキを見せても大丈夫です。

すべてのことに心を捧げる人

生活の中で、常に生き生きとした充実感を感じている人です。仕事や趣味も一生懸命に向き合う姿は、周囲にもとても魅力的に映ります。

熱き正義を心にもつ人

冷静沈着に物事を見ることができる人。少し頑固に見られますが、それは正義を大切にする自分の信念によるものです。自信をもちましょう。

25日	26日	27日	28日

クリスマス パレード	**クリスマス ローズ**	**パフィオ ペディルム**	**アドニドンテア**
真摯に仕事と 向き合う人	**幸せを周りと 共有できる人**	**見事までの 完璧主義者**	**多くの人と 関わりたい人**
仕事に人生の幸せを感じる人。おとなしい性格で、感情を表に出しませんが、仕事となると別です。最後まで真摯な姿勢でやり遂げます。	夢や目標に向かって突き進む人です。仲間との一体感が好きで、そこに達成感を感じます。周りと一緒に幸せをつかもうとする人です。	自分に完璧を求めます。何が正しいのかを自分に問い、考える人でもあります。夢や目標にも、常に正直に向き合おうとして頑張ります。	人が好きで、できるだけ多くの人と関わろうとします。人を導くことも得意で、一緒に目標を立てて、成功を目指すことができる人です。

29日	30日	31日

ストロベリー キャンドル	**ガーベラ**	**センリョウ**
すべての人やモノ に愛を注ぐ人	**好奇心旺盛で 進歩的な人**	**人一倍責任感の 強い人**
だれにでも平等な心で接することができる人。自分自身も大切にしなければいけないことも十分にわかっていて、バランスのとれた気質です。	いろいろなことに興味をもち、やりたいことにはとことんのめり込みます。持ち前の進歩的な考え方で、どんな困難も乗り越えられます。	責任感が強く、物事を完璧にこなす人です。時間がかかっても、着実かつ緻密に向き合っていくので、それは才能と呼ぶしかありません。

12月

花言葉さくいん

Flower Me

日々、主に道端の草花や山野草を探しながら写真に納め、
その由来や生態について研究している、植物愛好家のグループ。

占い	雨花周香
執筆協力	黒澤聖子
カバーデザイン	上筋英彌 (アップライン)
撮影	天野憲仁
イラスト	あしか祭り
編集協力・DTP	オフィスミィ

内容に関するお問い合わせは 小社ウェブサイトお問い合わせフォームまでお願いいたします。
ウェブサイト https://www.nihonbungeisha.co.jp/

幸せを運ぶ 花言葉12か月
366日の誕生花からの占いメッセージ入り

2021年3月10日　第1刷発行

編　者	Flower Me
発行者	吉田芳史
印刷所	株式会社 文化カラー印刷
製本所	大口製本印刷株式会社
発行所	株式会社 日本文芸社

〒 135-0001　東京都江東区毛利2-10-18 OCM ビル

TEL　03-5638-1660（代表）

Printed in Japan　112210225-112210225 Ⓝ 01 （310063）

ISBN978-4-537-21872-5

URL https://www.nihonbungeisha.co.jp/

Ⓒ Flower Me

（編集担当：牧野）